生き残る組織に変えるリーダーシップ

変化を起こすリーダーはまず信頼を構築する

Move Fast and Fix Things

The Trusted Leader's Guide to Solving Hard Problems

著　ハーバード・ビジネススクール教授
フランシス・フライ
起業家・リーダーシップ コーチ
アン・モリス
訳　江尻美由紀

日本能率協会マネジメントセンター

アレックとベンへ

いつも伝えていることだけれど、
あなたたちが愛には我慢強く
進歩は我慢せずにいることを願っているよ。

「落ちたらどうしよう？」

ねえ、でもこう考えてみて、

「飛んでみたらどうだろう？」

――エリン・ハンソン

MOVE FAST & FIX THINGS
THE TRUSTED LEADER'S GUIDE TO SOLVING HARD PROBLEMS

by Frances Frei and Anne Morriss

Published by arrangement with Harvard Business Review Press
through Tuttle-Mori Agency, Inc., Tokyo

「フランシス・フライとアン・モリスは素晴らしい存在だ。現代のもっとも重要なリーダーシップの課題にまったく新しい見かたを提示している。その課題とは、大きな変化を起こし、誰もが昇進できる組織を築き、難しい課題を解決することだ。それも時計の針の進む音が……大きく響くなかで」

――**タイラ・バンクス**　スーパーモデルから起業家へ転身、スマイズ&ドリーム創業者

「この実践的なプレイブックは、信頼、インクルージョン、共同でおこなう課題解決の文化を育みつつ、変化を促進し、組織を改革する方法を読者に示している。チームの卓越性を新たなレベルへと導くためのひらめきや手段を探し求めるあらゆるリーダーにとって不可欠な教材だ」

――**キャスリーン・ホーガン**　マイクロソフト執行副社長兼最高人事責任者

「『変化を起こすリーダーはまず信頼を構築する』で、フライとモリスは信頼、リーダーシップ、ビジネスの模範例を示してくれた。大胆でパフォーマンスの高い文化を築こうとするすべての人の必読書だ」

――**ビル・マクダーモット**　サービスナウ会長兼CEO

「スピードが勝利をもたらす。ただしそれは、戦略、信頼、コートに立つ全員への敬意と組み合わせた場合のみだ。フライとモリスは、チームや組織として卓越しつつ素早く動くためのロードマップを惜しみなく分かち合ってくれた」

――**ナディア・ローリンソン**　シカゴ・スカイ（WNBA所属チーム）執行役会長

「『変化を起こすリーダーはまず信頼を構築する』は、すべてのリーダーがおこなうべき会話に引き入れてくれる。人々が真に、持続的に成功する状況を生み出すにはどうすればよいかという会話に」

――**ベッキー・シュミット**　ペプシコ執行副社長兼最高人材活用責任者

「フランシス・フライとアン・モリスは、持続的変化を高速でもたらす、面白く、非常に実用的な、段階を追った手引書を出版した」

――**ヒューバート・ジョリー**　ハーバード・ビジネススクール上級講師、ベスト・バイ元会長兼CEO、『THE HEART OF BUSINESS（ハート・オブ・ビジネス）』（英治出版）の著者

「『変化を起こすリーダーはまず信頼を構築する』で、フライとモリスは想像もできないことをやってのけた。月曜日が楽しみになる本を書き上げたのだ」

――ミーナ・ハリス　フェノミナル・メディア創業者兼CEO

「フライとモリスのチームがまたもやってくれた！『変化を起こすリーダーはまず信頼を構築する』は、注目に値する、洞察に満ちた本であり、組織内での変化を促進すると同時に、信頼を築き、従業員の潜在能力を引き出すのに役立つ。このリーダーシップの名著は一押しだ」

――スティーブン・M・R・コヴィー
ベストセラー書『スピード・オブ・トラスト』（キングベアー出版）の著者

「フライとモリスは改革のためのプレイブックを書き換えた。「8段階のステップ」は捨て去って、「7Sのフレームワーク」は忘れよう。そして、組織を再生する最速経路を見いだす準備をしよう。本書では月曜日から金曜日までの過ごしかたが明確な計画によって示されているため、どう進めればよいかがわかりやすくなった。とはいえ、もっとも重要なのは「今日」始めることだ。魅力的な話と想定外の洞察にあふれた『変化を起こすリーダーはまず信頼を構築する』は、ますます増えるこの驚くべき2人組のファンの期待を裏切らない書だ」

――**エイミー・C・エドモンドソン**　ハーバード・ビジネススクールでノバルティス記念講座教授として

リーダーシップと経営論を担当、『Right Kind of Wrong』の著者

「フライとモリスは前向きな組織改革の達人であり、『変化を起こすリーダーはまず信頼を構築する』はまさにそれをおこなうための実用的な手引書だ。変化をもたらすためのわかりやすく活かしやすい助言はなかなか見つからないため、本書を心からおすすめする。『世界最高のリーダーシップ』の素晴らしい姉妹編だ」

――**クレア・ヒューズ・ジョンソン**　ストライプ元最高執行責任者であり現在の執行役員兼顧問

「フライとモリスが掲げる「信頼」と「素早い動き」は、すべての活気ある環境において非常に重要なものだ。2人の助言は、職場に影響をもたらそうとするすべての人にとって計り知れないほど貴重である」

――**マーク・ロア**　連続起業家、ワンダー創業者兼会長兼CEO

『変化を起こすリーダーはまず信頼を構築する』は、スピードを犠牲にすることなく、持続する変化をもたらす極意を解き明かしている。この画期的な手引書は、非常に厄介な課題を解決し、パフォーマンスの高い文化を築き、考えを力強く伝える、しかも、それらすべてを爽快なスピードを保ったままおこなえる手段をリーダーに授けてくれる」

――**サラ・プフール**　ＨＳＢＣの最高顧問弁護士として訴訟、規制の適用、調査を担当、ニューヨークに拠点を置く

「フライとモリスは、明日のスタッフ会議で使える実践的で具体的なアイデアを示しつつ、その非常に戦略的な洞察力で常にこちらの度肝を抜いてくる。スピード、不確実性、無限の可能性を特徴とする未来に、ただ存続するだけでなく、成長し、繁栄する組織をつくろうとしている自分の周りのすべての人に本書を贈りたい」

――**ダラ・トレセダー**　オートデスク最高マーケティング責任者

目次

第3章　水曜日

第4章　木曜日

はじめに

私たちは、あなたやあなたの会社にどこかしら壊れた部分があると言っているわけではない（訳注：原書のタイトルは『Move Fast & Fix Things（素早く動き、修復せよ）』）。状況を改善しようと奮闘中の皆さんを読者としてお迎えすべく、このようなタイトルにした。それというのも、たいていの場合、組織の改革という冒険の出発点にあるのは、「ここにある何かを修復しなくては」という意識だからだ。

私たちは、リーダーシップとは、不完全な人間が不完全な人間を率いる行為であるという前提に立って話を進めていく。これをもっともな前提だと考えた場合、われわれ不完全な人間が集まった組織も、当然不完全なものになるだろう。本書を通じて、ぜひそんな不完全さに興味をもってほしい。自分の経験を底の底まで掘り返すとき、よかれと思ってしたことが裏目に出た理由を探し求めるとき、そのときにこそ、状況を改善する作業に取り掛かれるようになる。本書でいずれ述べるが、これはすこぶる楽観的な探求である。

そしてまた、ぜひすぐにでも改革を進めていってほしい。本書は、難しい課題を解決し、変化のスピードを速めるための、即効性のある面白い手引書となるよう書かれている。実行力や創造性、さらには喜びといった、課題を解決可能にする資質を解放することを目的としたプレイブックだ。誰もが、かつてないほどに不確かな時代を生き、人々を率いていこうとしている今、それらの資質を手に入れるのは難しいと感じるかもしれない。それでも、それらなくしては目標を達成する見込みはほとんどない。

本書を読んでもらえればと思っているのはもちろんだが、生活や仕事のなかでこれらのアイデアを試し、応用し、改善して、この内容を実行してもらえればとも思っている。私たちの目標は、その道中の支えになることだ。リーダーシップの道のりのなかでも極めて困難で非常に刺激的な局面、思い描いていたことを実現して他の人たちの人生に影響を与える局面で、あなたの隣に立ちたいと考えている。

前著『世界最高のリーダーシップ　個の力を最大化し、組織を成功に向かわせる技術』（PHP研究所）では、他者をエンパワーすることは、手法の1つではなく、リーダーとしての成功の土台であるという原則に基づいた新しいリーダーシップのありかたを紹介した。本書では、エンパワメント・リーダーシップを余すところなく発揮し、記録的な速さで結果を出す方法をお伝えする。愛読者の方であれば、『世界最高のリーダーシップ』に登場した話や実例が挙げられていることにもお気づきだろう。本書では、また違った観点、より実践的な観点から再び取り上げている。図々しさを承知であえて言うなら、順序を問わず、前著と合わせて読んでもらえればと思う。

本書の目的を追求するなかで、リーダーシップのありかたを変えた研究者たち、その研究でも、ひたむきな努力でも私たちに深い影響を与えた巨匠たちであるロザベス・モス・カンター、ジョン・コッター、マイク・タッシュマン、リンダ・ヒルの偉業の重みをひしひしと感じている。彼らから学ぶべきことは山ほどある。あなたも私たち同様、彼らに感謝しつつ、しばしば畏敬の念を抱いて、その偉業のとりこになることだろう。リーダーシップの研究は何十年、何百年、さらには何千年にもわたって続けられ、大いに進展してきた。その研究の輪に加わっている私たちだが、いまだに日々新たな学びの連続だ。

あらためて、これらの考えをあなたと分かち合うことができて光栄である。

序章　課題は必ず解決できる

スピードということばは、ビジネスの世界で不評を買っているが、それもしかたのないことだろう。メタ（旧フェイスブック）が、「素早く動き、破壊せよ（Move fast and break things）」と威勢よく書かれた同社のポスターをつくってから、このことばの概念は大きく変わり、前進することと人を大切にすることは両立しないと広く信じられるようになったのだ。ある程度の破壊は、未来をつくるために支払わねばならない代償であるという概念に。

私たちはこの10年間の大半を、企業がそのような破壊の跡を片づけるのに一役買ってきた。そのなかで得た主要な教訓のひとつは、この世界観の核心である、どちらかしか成り立たないという概念は間違っているというものである。非常に有能なリーダーたちは、加速度的に課題を解決すると同時に、顧客や従業員、株主の成功とウェルビーイングに対しても責任をもって対処している。

彼らは素早く動き、なおかつ信頼をも構築しているのだ。

いったいどうやって？　手短にいえば、スピードを上げるのに注ぎ込むのと同じだけの時間と労力を、信頼を築く、そしてまた、ときにはそれを取り戻すことに注ぎ込んで。スピードがあると、組織のエネルギーが引き出され、進む方向が明らかになる。信頼があることで、ステークホルダーは付いていこうと決意する。スピードと信頼の役割を、新たな目的地へ向けて飛び立つ飛行機だと考えてみてほしい。その飛行機に対する信頼がなければ誰も搭乗などしないし、十分なスピードがなければ機体は宙に浮くことすらできないのだ。

本書のテーマを説明する印象深い話

通常のビジネス書であれば、この時点で立ち止まり、憧れつつも手の届くエピソード、読者の注意を引き、その注意を逸らさせない何かしらの劇的な出来事で自説を彩るところである。この暗黙のルールについては、この先の章で心に響く話や実例をたっぷり紹介して守るつもりだ。ただ、私たちは通常というのが苦手なうえ、本書の主役はあなたなのだから、まずはスピードと信頼についてのあなたの経験を振り返るところから始めよう。

図0-1は、私たちが「構築マップ」と呼ぶもので、素早くかつ反復的な卓越性を発揮する組織の構築に必要な条件を示したものだ。この図には、あなたの会社がたどりうる4つの道筋が示されている。「加速する卓越性」、「確実な管理」、「向こう見ずな破壊」、「避けられない減退」の4つだ。一見して、あなたの組織はどこに当てはまるだろう？　素早く行動し

図 0-1　構築マップ

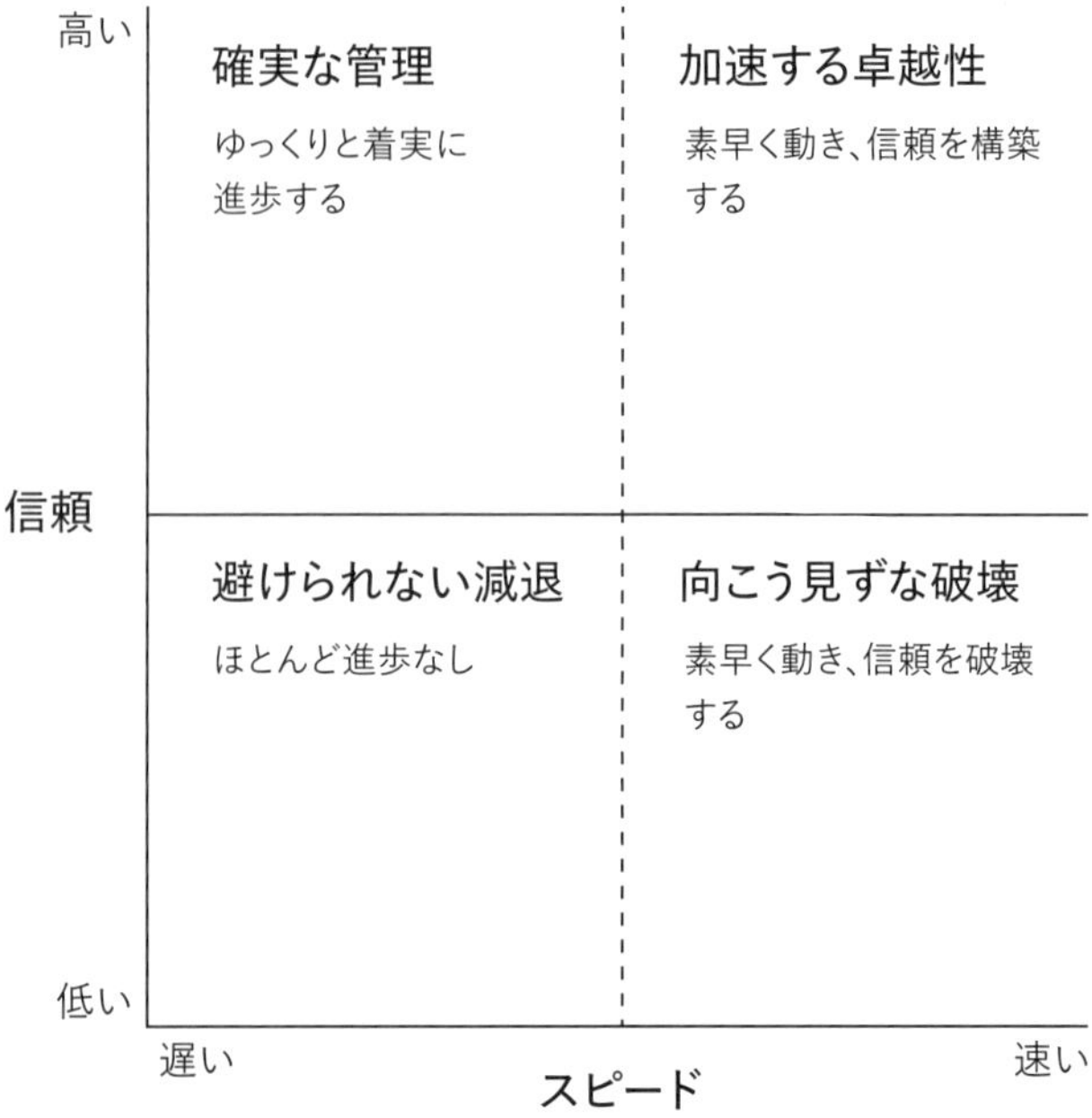
高い
確実な管理
ゆっくりと着実に進歩する
加速する卓越性
素早く動き、信頼を構築する
信頼
避けられない減退
ほとんど進歩なし
向こう見ずな破壊
素早く動き、信頼を破壊する
低い
遅い
スピード
速い

ているだろうか？　それとも、ゆっくりだろうか？　もっとも重要なステークホルダーとの信頼を築いているだろうか？　それとも、損なっているだろうか？　あまり考えすぎずに4つのうち1つを選んでほしい。正確を期したいのであれば、白い紙に縦軸と横軸を引き、一点を指し示してもいいだろう。

これについて数多くのリーダーと話した経験から言えば、「加速する卓越性」のマスに入る人はおそらく一握りだろう。従業員を含むステークホルダーのために高い価値を生み出し、その価値をさらに高めている状態。自分も同僚も創造力とやる気に満ち、成果を上げることを常に視野に入れて仕事に臨んでいる状態。もしこれがあなたの組織に当てはまるのなら、喜ばしいというほかはない。本書は他の人に譲ってもいいし、今の状態を維持するためにさらなるアドバイスを求めて（あるいは、自分の直観と選択が優れていることを確認するために）このまま読み進めるのもいいだろう。

けれども、失礼を承知であえて言うなら――これまた私たちの悪い癖だ――その可能性は低いだろう。あなたの組織はどちらかと言えば「確実な管理」か「向こう見ずな破壊」のマスに入っており、変化をもたらせる場所からは遠く離れているか、目標に向かって飛び出してはいても、広範囲に被害を及ぼしているのではないだろうか。「信頼」と「スピード」のどちらの強みもない「避けられない減退」に位置している可能性すらある。あなたの組織が今現在どのマスにいるかを知るには図0-2が参考になる。

図 0-2 あなたの組織はどのマスに当てはまるだろう？

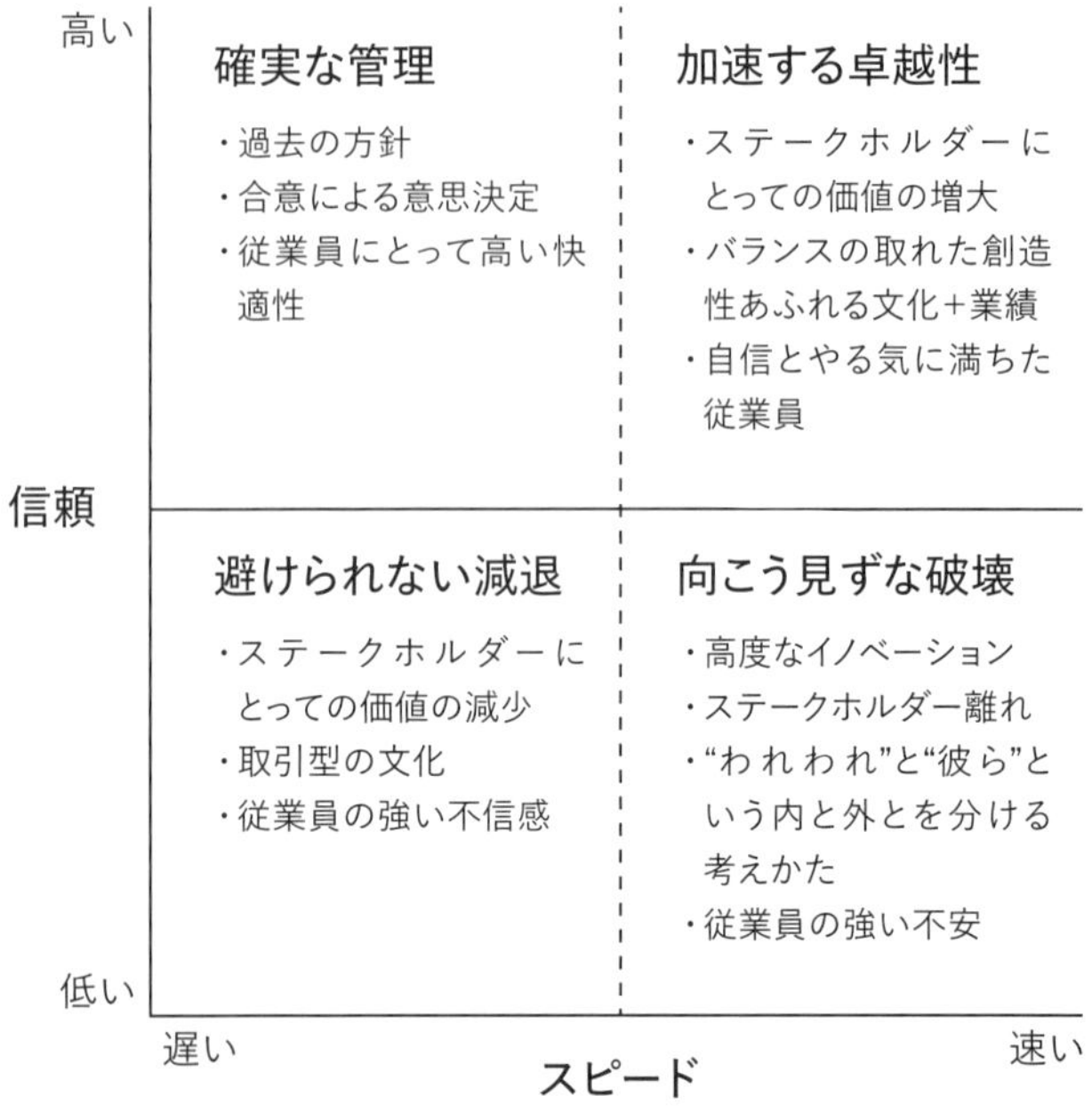

さて、組織がそれらのマスに属すことの代償がはっきりした時点、直観的に損害が発生したと感じた時点について振り返ってみよう。「確実な管理」のマスにいる人にとって、それは一連のプロセスに疲れたときや、有能な同僚が不本意な退職をしたときだったかもしれない。「向こう見ずな破壊」のマスにいる人なら、顧客のニーズに応えられていないことに不安を覚えたときだったかもしれない。最後に、「避けられない減退」のマスにいる場合、仕事にいくのが嫌になり、出勤が不満と不信に満ち満ちた儀式と化してしまったときかもしれない。*

あなたの頭に浮かんだ、損害発生のきっかけは何だったろうか？　損害を被ったのは、チームなのか？　顧客なのか？　あなたなのか？　そして、あなた、あるいは他の人が中心となって、すぐに関係の強化に取り組んでいたとしたらどうだったろう？　それからどうなっていただろうか？　この物語、つまり、あなたの物語は、どんな展開を見せていただろう？　本書に生命を吹き込むのはこんな疑問だ。

それでは、良い変化を起こす物語を始めよう。まずは時間の使いかたからだ。

＊希望をもってがんばろう。人はこんな状態に長くは留まれない。つまり、あなたには別のマスに移るという明らかな使命がある。

課題を素早く解決するためのプレイブック

私たちは、上層部、中層部、下層部とあらゆる階層に属する何千人ものリーダーが変化を起こすための仕事、そのほとんどが地味な仕事に取り組む際、アドバイスする機会に恵まれてきた。上下関係があまりなく、新たなものが生み出される環境が整っているとされる組織の奥深くまで分け入ったが、実際にはそこまで新たなものが生み出される環境ではなく、そんななかで可能性を見いだすのはなかなかに難しかった。私たちは、厄介な過去と、未来に対する否定的な考えに押しつぶされそうな組織で、勤務時間後に集まり、前に進むための足掛かりを探そうとする企業文化改革チームに加わった。

そして、誰よりも効果的に物事を素早く修復するリーダー、「加速する卓越性」のマスにたどり着くリーダーには明確なパターンがあることに気づいた。基本的に、そのようなリーダーは、スピードと信頼を大切にしていた。速さと勢いを非常に重要なものと捉えており、さらに、ステークホルダーからの信頼を得て、その信頼を保つことにも絶えず集中して取り組んでいた。彼らは、誰もがためらうようなあらゆる物事も、誰もが感じる不安や疑念も同じように経験していながら、そういった不安や疑念に対抗する手段は、素早く信頼を構築することだと確信していた。

そうしたリーダーがどのように困難を切り抜けていったかを突き詰めて考えていくうち、信頼とスピードとの関係性がはっきりと見えてきた。信頼とスピードは、彼らのリーダーシップが周囲に及ぼす影響の基盤となっただけでなく、両者の間には明らかな関連性があった。リーダーが、自分のリーダーシップにおいても、つくりあげようとしている組織においても、信頼を構築すればするほど、より早く、真に持続的な方法で変化を起こすことができた。信頼は、加速するペースの上に築かれた文化的な建築物だった。

この研究から生まれたのが、課題を素早く解決するためのプレイブックだ。破綻した企業文化であろうと、もはや市場に合わなくなった製品であろうと、課題の種類は問わない。きちんと保たれたリーダーシップに加えて、このプレイブックが、難しい課題を早急に解決するための作業手順をお伝えする。本書は、このプレイブックに従って構成されている。月曜日から金曜日まで1日に1段階だ。これこそが、これからあなたと共に取り組んでいきたい作業である。

1. **月曜日：真の課題を突きとめる**　前に進む際の障害物を明るみに出そう。その障害物は、はっきりと認識できていないもの、あるいは、まだ解決法がわからない課題であるかもしれない。

2. **火曜日：信頼の課題を解決する**　真の課題に取り組んでいることが確信できたら、賢明な実験をおこなって素早く学び、信頼構築をもとにした課題解決法を考え出そう。

3. 水曜日：新たな友人をつくる　次に、他の人たちの知識を活用して、新たに生まれた計画をより良いものにしよう。ここでは何よりもまず、自分とは異なる考えかたをする人たちに目を向けよう。

4. 木曜日：良い物語を伝える　計画に確信が持てた今、組織の過去、現在、未来をつなぐ説得力のある改革の物語を伝えよう。

5. 金曜日：全速力で進む　最後に、周りの人をエンパワーし、速度を上げて、しかも破壊のリスクは下げて計画を実行しよう。

この先の章では、「1日」に1段階という高速サイクルのこのプレイブックを、あなた自身の組織においてどのように活かせるかをお伝えする。まずはあなたがやる気になった週から始めよう。直観的に解決が必要だと感じる課題から取り組もう。そして、実行可能な改革計画を立て、異なる考えかたを価値あるものとして受け入れることで、より良い計画にしていこう。さらに、力強い改革の物語、周りの人たちの行動力や想像力を引き出す物語をつくり、ついに生まれたその勢いを素早い影響力へと変えるのだ。私たちがうまく導くことができれば、あなたは「加速する卓越性」へのロードマップを手に入れるだけでなく、爽快なスピードでその道を順調に突き進むことができる。

あなたがアクセルを踏み込み、窓を開けてラジオの音量を上げているあいだに、私たちも責任を果たすべく、これぞ自分に変化をもたらすプレイブックだとあなたに納得してもらえるよう努める。今はまだ私たちを信じてほしいとは言わないが（そこに行き着くまで、あと200ページも費やせることだし）、私たちの説に最後まで耳を傾け、読み進めようという気になってもらえればと思っている。この一連の流れのなかで、説得力のある研究を提示し、改革のリーダーと彼らの力で変化した企業についての物語を紹介する。ただすでに述べたとおり、私たちが何よりも気にかける事例は、あなたが自分の職場で起こす変化だ。直接的に語らず間接的に示すという方法をとるが、あなたが素早く動いて自分の組織を変えていけるよう支えることで、言わんとすることは伝わるだろう。

目標は、組織のどこで明るみに出たどんな困難な課題もすぐに解決するためのプレイブックをあなたに差し出すことだ。これもまた、たいていのビジネス書で（そして、私たちのこれまでの著書でも）まず述べられることだ。よく目にするのは、例えば戦略を一新する方法だったり、サプライチェーンの不確実性への対策法だったりと、機能的な課題の解決に重点が置かれたものだ。しかし、実のところ、私たちにはあなたを阻む課題がどんな種類のものかはわからないし、あなた自身もわかってはいないかもしれない。わかっているのは、その課題が解決可能であること、それも、あなたが思うよりずっと短期間で解決できるだろうことだ。

この「1週間」が終わるころには、あなたの会社は組織レベルで信頼される組織になっていると同時に、会社が抱える真の課題に見合った速さで動いているはずだ。

組織の信頼は、人の信頼と同じく、真正性、共感、論理の有無に左右される（注1）。そしてやはり人の信頼と同じく、信頼を失いつつある、あるいは信頼をそこまで築けずにいる組織は、この3つの要素のどれかがぐらつきがち、揺らぎがちだ。

この考えかたについては火曜日にさらに詳しく検証するが、さわりだけお伝えしよう。まず悪い知らせとして、どんな組織でもその歴史のどこかの時点で信頼の揺らぎを経験する。そして、いい知らせとして、信頼の揺らぎは、正しい考えかたと積極的に学ぶ姿勢によって解消できる可能性が高い。本書のテーマは、私たちのプレイブックに従ったあなたが、自社の信頼の揺らぎを特定して解消し、組織の潜在能力を最大限に引き出し、想像すらしなかったほどの速さでより遠くまで進めるようになることだ。

本書の読みかた

本書は、あなたが信頼を築き、課題を解決し、変化を加速させられるよう、そして、それらを同時におこなえるよう書かれている。目覚ましい進歩を遂げる、アクション満載の冒険となるはずだ。この先の章では、慎重さを装った単なる遅さ、変化をためらう足取りの重さを退け、真の課題を突きとめて解決するとどうなるかに気づくよう促していく。

この行動パターンが定着すれば、本書を読み終えるころには組織が変わっているだけでなく、あなた自身も変わっているはずだ。あなたはリーダーシップの核となる任務において効果的な力を発揮し、周りの人たちが成功する状況を生み出すことになるだろう。組織レベルでの信頼を築き、再構築できるようになるだろうし、可能性を生み出せるようになるだろう。周りの人たちはその可能性を信じる。なぜなら、その可能性を、あなたの理論上の構想における考えとしてではなく、各自が実際に変化として経験するからだ。そして、あなたは最高の人々がその下で働きたいと思うようなリーダーになるだろう。なぜなら、あなたがいればより力を発揮できるからだ。

「卓越性」へ向けての一番厄介な障壁を取り除くために、あなたには作業たっぷりのスケジュールをこなしてもらうことになる。これは会社を改革可能な状態にする資質、つまり、楽観主義や想像力、喜びといったものを解放することを目的としたエクササイズだ。のちの章では、1週間で、ときにはほんの1日の集中的な作業で、大きな成果をあげられることをお伝えする。このスケジュールは、楽しみながら素早くおこなえるようにつくられている。すぐに行動を起こし、とにかく意欲的に取り組み、その過程でできるかぎりの信頼構築をおこなうという、本書の核となるメッセージを具体化したものだ。改革の作業には深刻な面もあるが、自分自身が深刻になる必要はない。

実のところ、自分が起こしている変化を数日で見定められることはまずない。ほとんどの人はこの作業に数週間、数か月かかるだろうし、それは当然のことだ。ただ、数年がかりであってほしくはない。多くのリーダーがこういった作業に1年以上もかけ、組織にとっては戦略的に無意味な「確実な管理」の別バージョンの途上で立ち往生することになる。自社の代謝を活性化しなくてはならないまさにそのときに、ゆっくりと着実に進むことを選ぶのだ。でなければ、急を要するからと、極めて重要な信頼構築のステップを飛ばすことで、再び出発点に戻ってきて後始末するしかなくなり、結局は速度を落とすことになる。素早く動きつつも、あなた自身を、同僚を、ステークホルダーを大切にすることでこういうパターンを覆してもらいたい。

また、「加速する卓越性」の妨げとなりうる不安や雑念を減らすようにもしてもらいたい。フランシスがハーバード・ビジネススクールで壮大な文化改革の取り組み、すなわち、学校を女性にとってよりインクルーシブな場にするための運動を支援していたときのことだ。いちかばちかのプレゼンテーション前、ある同僚が舞台袖で悪気なくこう囁いた。「しくじったら大変だぞ」と。本人のために言い添えておくと、彼は何か月も批評家からのこき下ろしにあっていた。そうは言っても、フランシスがその瞬間に耳にしたかったのは、改革のリーダーシップのより意義深い真実を思い出させてくれることばだった。たしかにメッセージをきちんと伝えることは重要だが（「木曜日」の章を参照のこと）、改革のリーダーシップを台無しにするもっとも手っ取り早い方法は、それを自分事にしてしまうことだ。今、もっとも重要なあなたの任務は、しくじらないことではない。周りの人たちがうまくやり遂げられるようにすることなのだ。

たしかに改革に危険は付きものだ。なかでも、自分の会社あるいは地域の未来のために戦っている人にとっては、その危険度はより高まるだろう。しかし、変化をもたらすことになるあなたは、聴衆の賛同を得ることやリーダーらしく見えること、未来の出来事を制御することなどさして気にかけていないはずだ。改革をおこなっていくあなたは、力みなく自由に現在を生きる人、何が起こるかはわからないながらも（そもそも誰にわかる？）変化の重要性を認識し、とにかくがんばってみようと考える人であるはずだ。

これまで改革や進化を目指すリーダーたちに協力してきたが、「もっと時間をかけて、より少ない成果をあげられたらよかったのに」ということばを耳にしたことはない。何度も繰り返し耳にしたのは、正反対のことばだ。本書を読み進め、この冒険に乗り出そうという気になったなら、もっと短時間で、より多くの成果をあげるようにしていこう。そうすれば、あなたの人間関係も、チームも、組織もより強くなる。あなたの任務はすべてを解決することではない（とは言っても、驚きと喜びを感じられるような形で、あらゆる物事を解決できるはずだ）。あなたの任務はむしろ、何事も解決できること、皆が団結すれば、こちらを挑発し、呆然とさせる複雑な課題、思わず尻込みしてしまうようなさらなる難しい課題も解決できることを、自分自身と周りの人たちに確信させることだ。さらに、変化を起こすリーダーとして、その重要な機会は今であるという強い信念を示すことだ。

あるべき場所に立っているだろうか？

さて、始める前にひとつお断りしておきたい。本書は、物事を変えたいと考えるすべての人におすすめだ。組織の一部においてすでに影響力をもつ人には役立つはずだ。さらに、上司といい関係を築けている人や、より上の立場のリーダーを目指す人、あなたたちにもぜひ読んでもらいたい（もしかしたら自分で気づいている以上に影響力をお持ちかもしれない）。

現在も未来も含めたすべてのリーダー、現状に不満を抱き、「わが社のやりかた」よりもいいやりかたがあると考えるすべてのリーダーにお伝えしたい。これは、進化、それも速い進化についての話であって、革命についての話ではない。もしあなたが、希望などかけらも見当たらないから何もかも焼き払ってしまえという衝動をお持ちなら、別の書籍をおすすめするだろう。私たちは、人類が皆で協力し合う素晴らしい未来が待っていると考える、図太い楽観主義者なのだ。

今は懐疑的な考えしか浮かばないという場合は、もう少し前向きな気持ちになったときに改めて本書をひらいてみてほしい。心から幻滅してしまったのかもしれないが、改革のリーダーシップには、周りに影響を与えるためにあなた自身の主体性と能力が必要となる。そして、あなた自身の権限を知ることが必要になる。そうすれば、何より、他の人たちにそれぞれの権限をもたせることができるからだ。理由はどうあれ、もしそんな気になれないというのなら、改革を成し遂げることはできない。ただ、もしその気があるというならば、さらなる励ましのことばとして、こうお伝えしたい。あなたはあるべき場所に立っている、と。

共に素早く動こう

２０１２年にフェイスブックが提出した新規株式公開の目論見書のなかで、ＣＥＯのマーク・ザッカーバーグは「素早く動き、破壊せよ」という同社の方針を裏付ける論理を次のように説明していた。「素早く動くことでより多くのものを築き、より早く学ぶことができる。しかし、多くの企業は成長するにつれ進みがとても遅くなる。なぜなら、速度の低下による機会損失よりも、失敗を犯すことをより恐れるからだ」（注2）彼の見解には同意するが、本書のこの先であなたに納得してもらいたいのは、どちらかしか選べないわけではないということだ。素早く築いて学びながら、代償の大きな失敗を避けることもできるのだ。

ザッカーバーグ自身、結局は考えかたを変え、この世界観に至ったようだ。株式上場から10年後の２０２２年、ザッカーバーグは、社名をメタと改めた同社が、切迫感をもった経営をしつつ「自社も互いも大切にする」会社、共に素早く動く会社になると発表した。* はっきり言って、私たちはこの転換に拍手を送るし、また勇気づけられもする。なぜこの話をするかというと、このような方向転換をするのに10年もかける必要はないからだ。実際には、10年よりずっと短い期間、1週間の単位で考えられるのだ。

さて、あなたは月曜日をどう過ごす？

＊2014年、フェイスブックは「破壊せよ」の部分を「安定したインフラで」に変え、「安定したインフラで素早く動け」というモットーにした。まあ、こちらのモットーはそれほど流行らなかったけれど。

第1章

月曜日

真の課題を突きとめよう

ここボストンで愛される地元ハイテク企業の創業者兼CEOは、急成長する自社の最前線で働く人たちに常々こう尋ねるようにしていた。「あなたが私の地位にあったとしたらどうする?」と。こうした行動は、社員に対する敬意とありのままのリーダーの姿を示すことになった。しばしばCEO自身が見落としていた、ビジネス上のひびも明らかになった。自社についてわかっていると思っていたことでも、それはあくまで一面的な見かたにすぎないことをこのCEOは知ったのだ。

月曜日へようこそ。このことばは比喩でもあり、本書のこれ以降も同様、まごころからの提案でもある。組織改革という冒険に乗り出すのに、年始やら年次総会やらといった、より感情に訴える機会を待つのもいい。とはいえ、7日ごとにやってくる節目、別名「月曜日」に気持ちを切り替えるのもいいだろう。

月曜日の目標は、課題を見つけることだ。「課題」というこのいかついことばを、アメリカの職場ではよく「案件」や「機会」といったより当たりの柔らかなことばに置き換えてその手厳しさを弱め、当たり障りのないものにする。しかし私たちは、切迫感をもたらす「課題」ということばを用いたい。案件や機会を前にして何もしないことは、お上品な社会では大目に見てもらえることもある。ただ、課題ともなれば注意を向ける必要が出てくるからだ。

今日、あなたと課題探索チームにおこなってもらうのは、素早く動き、解決すべきものは何かを突きとめることだ。それが何かは、すでにある程度はわかっているだろうし、なかには根拠ある自信をもってそう言える人もいるだろう。ちょうど比喩的な意味での火事、つまり、不満をもつ従業員たちや勢いを増す競合他社への対応中で、火元を特定するのは比較的たやすいことに思えるかもしれない。それでも、あえておすすめしたい。月曜日に必要なのは、組織を「加速する卓越性」から遠ざけている思い込みや構想に疑問を投げかけることだ。すると、絶対にこうだと思い込んでいたのに（エリート層ならでは！）、実際にはそうではなかったということが出てくる場合もあるのだ。

「向こう見ずな破壊」の位置にいる人は、少なくとも一部のステークホルダー（「避けられない減退」の位置にいる場合は、「一部」を「すべて」に置き換えよう）からの信頼を失っていることを知るだろう。「確実な管理」の場合、目標を維持するには会社の代謝率が低すぎることに気づくかもしれない。こういったより規模の大きな物事が、何らかの「課題」として現れる。これこそが、あなたが今日立ち向かっていくものだ。

今日は、あなたの組織の成功を阻むもっとも大きな要因を突きとめるための作業に重点的に取り組むことをおすすめする。そのなかで、素早く動くと同時に信頼を築く感覚を磨いていってほしい。月曜日はまた、「これ以上現状を受け入れ続けることはできない」と自分自身と同僚に明らかにする最初の機会でもある。あなたの時間軸における明日は、今日よりも素晴らしい日になるはずだ。

月曜日の行動計画

1. 好奇心をもつ
2. 課題解決チームをつくる
3. 阻害要因を探る
4. 解決すべき課題の候補を選ぶ
5. 組織の課題に関するデータを集める
6. 集めたデータで証拠を固める
7. 課題についての理解をより深める
8. 今週解決する課題を決める

必要なもの

・好奇心
・居心地悪さへの慣れ
・周りにもはっきりと伝えられるだけの、自分の組織の戦略についての深い理解
・組織データの入手のしやすさ
・異なる役割と視点をもつ同僚　5～12人*
・データ分析係　1人
・上等なおやつ

*頭の回転が速く、融通の利かないやかまし屋は、こういった職能上の枠を超えた臨時チームの最適規模は5～11人だと主張するだろう。だが、11などという中途半端な数字を承認することは、とにかく断じてできないのだ。あと少しでとても魅力的な数字である12に届くとなれば、なおさらである。（訳注：最適規模については様々な説があるが、多数決の際に同数にならないよう奇数をよしとする説もある。著者たちが12を魅力的な数字としているのは、12か月や12時間、1ダースといった単位として切りがいいと感じているからかもしれない）

好奇心をもとう

今日の必要なもののリストでもっとも重要なものは、好奇心だ。私たちの同僚であるフランチェスカ・ジーノは、好奇心が職場にどれほどの変化をもたらすかについて、徹底的に証拠

を挙げて主張している。好奇心には、ミスを減らし、イノベーションを推進し、衝突を減らし、コミュニケーションを円滑にし、全般的にパフォーマンスを向上させる力があるという。（注1）実際に役立つ場面ではいつでも好奇心を発揮することをおすすめするが、月曜日にはこれが必需品である。好奇心とは、無料で、豊かで、再生可能な資源、物事をはっきり認識する可能性を飛躍的に高める資源だと考えよう。

好奇心をもつことは簡単なように思えるが、注意点がある。好奇心は判断力と相性が悪いのだ。実際のところ、ジーノが明らかにしたように、基本的に両者の共存は不可能だ。つまり、多くの人にとって好奇心をもつための第一歩は、判断力を手放すこと、自分のなかの批判的なパーツに今日のところは引っ込んでもらい、代わりに純真でひねくれていないパーツ、すなわち、この世界で何が正しく、何が真実なのかを見いだす任務を負った内なる科学者に登場してもらおう。こちらに舵取りを任せるのは久々のことかもしれないので（判断力に任せておいたほうが、人はより安心できる）、少し時間をとって好奇心の新たな立ち位置に慣れていこう*。

流動的な組織と仕事をするなかで、ときにリーダーにとっては周りの人たちへの批判をやめる以上に自分自身への批判をやめるほうが難しいことがわかった。あるリーダーの胸の内には、非常に手厳しい批評家が居座っていたため、私たちはその批評家に「奥さま《ドンナ》」と名付け、「奥さまは次回の会議には招待されていらっしゃいません」などと、冗談交じりで第三者として扱うようになった。「奥さま」は、他の人たちがすべてをわかっていなくても気にしないのだが、このリーダーにはミスひとつない完璧な仕事ぶりを求めており、課題探しがリスクの高い問題となっていたのだ。

ここで、あなたと、あなたにとっての「奥さま」に思い切って率直に厳しいことをお伝えして、まずはこの件を片づけよう。あなたの組織は完璧ではない。そして、あなたはおそらくその不完全さに幾分か関与していたはずだ。すべきことよりやりたいことを重視したり、衝突を避けるため月並みに甘んじたり、自分と似た人たちばかりを採用したりと、戦略というより快適さを求める習慣があったのではないだろうか。それが人間らしさというものだから、これはあるがままに受け入れる必要がある。重要なのは、しっかりと目をひらいて、見つかった課題に対処しようとする意志なのだ。

状況分析

今日の発見の可能性に好奇心が湧きあがってきたら次へ進もう。

＊ここでは、リチャード〝ディック（訳注：リチャードの愛称でもあるが、ばか、まぬけという意味もある）〟シュワルツ博士の、「内的家族システム」として知られる「心は多数の副人格（パーツ）から成り立つ」という説を引き合いに出している。リーダーを指導する仕事のなかで、私たちは彼のことを「ディックおじさん」と呼んでいる。例えば、「これについては、ディックおじさんならこう言うかもしれませんが……」などのように。ディック、驚かせたようであれば、私たちにお電話を。

課題解決チームをつくろう

真に解決すべき課題探しに着手するにあたって、組織をより明確に理解できるよう臨時チームをつくってほしい。このチームはさらに多くの人たちから情報収集することになるため、大多数のメンバーは、他者の経験を観察し、尊重するのが得意な人であるべきだ。親身になって人の話を聴ける人、ありのままの自分に心地よさを感じ、感情を露わにする人たちを前にしても物おじしない人。あなたや、地位の高いあなたの同僚の前で畏縮しにくい人であることが望ましい。

私たちは、そういう人たちを「共感の錨《いかり》」と呼んでいる（彼らは、もっともストレスのかかる状況においても他者への共感を示す）。その場の空気を読む彼らの能力が、今日は非常に重要となるだろう。最低限必要となる「共感の錨」メンバーを集められたら、あとはあなたにとって納得のいく人選をしよう。その人選は、おそらく機能的にもデモグラフィック（訳注：人口統計上の属性。性別、年齢、居住地域など）的にも多様性をもたらすものになるだろう。女性や若手、現場の従業員などなど、欠けている顔ぶれがあれば調整しよう。ビジネスに関して同じような考えかた、似たり寄ったりの見かたをしない人たちとのほうが、月曜日の目標も、それ以外の目標も、より達成しやすくなる。これについては、週の後半にさらに詳しく見ていこう。

ハーシー社のCEO、ミシェル・バックは、自社のビジネスを「間食大手」にする、つまり、アメリカ人の食費において非常に競争の激しい部門（ここアメリカでは食事より間食が好まれる）で大手にする戦略を立てたとき、自分が集中して意欲を燃やせるよう、臨時チームをまとめた。バックは選定基準として、変化とリスクをいとわないことを挙げていたが、それは好都合なことに中高年層には当てはまらなかった。「ほとんどの人は変化を好みません」とバックは述べている。「大きな変化を起こして大きなリスクを負うのを好まないのは、当然のことながらそこにはマイナス面もありうるからです……この組織を見渡してみると……未来に目を向けてトレンドを見極められ、企業として自社が誇れる強みは何か、どうすればそれらの強みをフル活用できるかを真剣に考えられる……そんな兆候を示した人たちが目に入りました」（注2）

バックは、課題の原因を突きとめるだけでなく、最終的には解決するための協力者として、地位も肩書もそれぞれ異なる9人のチームをつくった。このチームに明確な決定権はなかったにもかかわらず、バックは会社側に確実に「チームの意見に耳を傾け……」させるよう努めた。「……それというのも、大混乱を招くような考えをもつ人たちの意見は、却下されがちだからです」（注3）バックは、そういった混乱を招く人たちと優れた実行力を発揮する人たちにペアを組ませ、アイデアを企画へと変え、そして最終的には、大きな改革へとつなげた。この一連の流れを、これから本書をとおしてたどっていくのだ。

革新的な考えをもつ共感的な人たちを集め、あなた自身の社内チームをつくるにあたって、メンバーリストのたたき台を作成しよう。そして、全員が集まった場面を想像してみよう。実際の真実とは何か、組織では実際に何が起こっているのか、構想、戦略または行動に大きな変化がなければ、ビジネスは実際にどこへ向かうのか（あるいは向かわないのか）といった、厳しさの予想される話し合いをしている場面だ。私たちの友人である、伝説的デザイン会社ＩＤＥＯのエグゼクティブ・デザイン・ディレクター、ローレン・コリンズ・スコットは、「部屋のなかを見回して「誰がいない？」と尋ねてみて。意思決定の座につく人たちの顔ぶれは、組織と消費者の層の幅広さを反映している？」とよく口にしている。この問いかけは、「まだ知り合っていない」才能のある人たちでチームをつくるのにもってこいの訓練だ。リーダーシップの筋肉が鍛え上げられている人などほとんどいないのだから。*

最後に、チームには名前が必要だ。キャリアを高めるような、活気を生み出すような名前にしよう。一緒に仕事をしたあるチームは「文化打ちこわしチーム」という名前を付けていた。言いえて妙だ。このエクササイズに興味をもたせ、多少の重々しさを加えるために「フォーラム」という名前を選んだチームもあった。要は、新メンバーが招待メールを受信したときに、興奮とまではいかなくとも、興味をかきたてられる名前にするのが目的だ。社内業務的ではなく、素晴らしい冒険を思わせるものを考えよう。あなたの組織で普段使われないことばを使ってみることで、可能性を生み出すチャンスが広がるはずだ。

状況分析

課題解決チームをつくり、その任務にふさわしいチーム名が決まったら次へ進もう。

阻害要因を探ろう

19世紀のこと、フランスの小説家、マルセル・プルーストは、回答者の本性を明らかにする非常に効果的な質問事項を列挙した、かの有名な質問表を作成した（とされている）。この突飛な思いつきは、プルーストがよく訪れていた上流階級の居間での会話に新鮮みがなくなってきたため、友人たちをより興味深い存在に感じられるようにするためのものだった。なかには、「もっとも残念に思う自分の性質は？」のように、時代を超えて人気のある、会話のきっかけとなる質問もあった。

そこで、あなたにも自分の組織の本質を明らかにするために、同僚たちとプルースト風の

＊ここで言う「まだ知り合っていない」人たちとは、あなたと同じ人脈や影響力、経験をもっていない人たちのことだ。ちなみに、厳密に言えば知り合いでなくとも、あなたがひらく次回のホームパーティーですっかりくつろいでいるような人たちは当てはまらないので、再考が必要だ。

図1-1 月曜日の朝の質問

人

- 従業員にとって、この会社で働くことのもっとも良い点と悪い点は何か？
- この会社で成功する可能性がもっとも高いと思われる人の特徴とは何か？
- 同僚にもっとも頻繁に見られるのはどんな感情か？
- 良い人材が辞める際によく挙げる理由は何か？　そこにパターンはあるか？

戦略

- われわれにとって大事な顧客とは？　彼らが競合他社ではなくわが社を選ぶのはなぜか？
- 大事な顧客を失う際によく挙がる理由は何か？　そこにパターンはあるか？
- われわれがもっとも効果的に追求している機会とは？　追求しきれていなかったり、放棄していたりする重要な機会はあるか？
- ビジネスにとっての脅威のうち、われわれがもっとも効果的に対処しているものは何か？　対処しきれていなかったり、放棄していたりする重大な脅威はあるか？
- サプライヤーにとって、わが社との仕事でもっとも良い点と悪い点は何か？
- 組織として、期待収益を上げるために正当化できないことをしているか？

能力

- 組織としてうまく解決できているのはどのような課題か？　なかなか解決できないのはどのような課題か？
- わが社のシステムとプロセスがわれわれの希望どおりに確実に機能するのはどんなときか？　機能しないのはどんなときか？
- 組織として強みとすべきことはあるか？　われわれがやっていないことで、やりかたを知るべきことはあるか？

文化

- わが社の文化は、従業員が各自の職務において成功する上でどのような力を与えているか？
- わが社の文化が従業員の成功の妨げとなることはあるか？　あるとすれば、どんな形で妨げているか？
- どんな考えかた、あるいは行動が、より幅広く取り入れられるべきか？
- わが社の文化を社外の人に伝えるとしたら、どのような説明になるか？

会話を交わしてみてほしい。実際には、この会合の目的は、解決すべき課題のリストを作成することだ。この段階で、より「リーダーらしい」と思えること、例えば、有名コンサルタントを雇って彼らの意見を聴くといったことをしたくなるかもしれないが、課題を突きとめるのに最速かつもっとも効果的な方法は、実際にそれを経験している人たちとじかに、率直に、うまく会話を交わすことなのである。

図1-1は、この会話の出発点として使えそうな「月曜日の朝の」質問リストの見本だ。創造的なきっかけになればと提示してみたのだが、あなたの組織の状況に応じて積極的に活用してみてほしい。ここでの目標は、あらゆることについて——うまくいっていると思っているビジネスの部分についてさえも——意見を交わせるようにし、事実としてまかりとおっているどんな思い込みも明るみに出すことだ。組織に関する偉大な行動科学者、クリス・アージリスが述べているように、自分のリーダーシップ思考を「主張」から「質問」へと転換させるのだ。*

最終的に用いる質問は、あなたの組織の実体を反映したものとなるだろう。シナボンの社長、キャット・コールが同社の経営立て直しに取り組んでいたとき、同僚に投げかけた質問

*アージリスは、リーダーは主張すること、つまりは、自分の世界観の正しさを他者に納得させることにあまりにも時間を割きすぎており、この現象は出世するにつれ、より悪化すると論じている。

に「私たちの浪費の原因は何？」というものがあった。言い換えると、「時間とお金とエネルギーを費やしても、これ以上価値を高められないものは何？」ということだ。これに続けて、コールはよくこんな質問をした。「私たちがノーと言うのはどんなとき？　こちらは、逃したチャンスについての質問だけれど。従業員にノーと言うのはどんなとき？　顧客にノーというのはどんなとき？」（注4）あなたが「確実な管理」の位置にいるなら、ノーのパターンを調べてみることは非常に役に立つと思われる。あなたの組織で誰かが「ノーの館」――特にガタのきた組織を改革していたときに私たちが使うようになった表現だ――を建ててはいないだろうか？　組織の門番は誰か？　彼らは本当にビジネスに貢献しているのだろうか？　反対する彼らの心の奥底にある恐れや不安は何だろうか？　それらを明るみに出し、真正面から対処することはできるだろうか？

質問リストが最終的にどんな形になろうとも、いくつかの質問をまずは内々のアンケート形式でおこなってみるとよい。そうすることで、メンバーは互いに話し合う前に、各自でじっくりと考えられるようになる。また、アンケートにすると、今も人類が思考するための最良の手段である書くという行為が必要となるため、皆の考えが深まり、明らかにもなる。比較的中立的なメンバーを選び、回答を分析した上でテーマと見解を要約してチーム全員に報告してもらおう。このとき、誰の意見であるかは記載しないこと。誰の意見であるか、皆が読み取れる場合であってもだ。この段階で、メンバーは同僚たちが同じ「事実」から異なる結論に達していること、さらには（あるいは）、まるで異なる一連の事実を取り上げていることに気づく場合が多い。

アンケートによって、各メンバーの立場の相違が説明されることにもなる。現実として、自分は評価されている、認められていると感じながら、つまり「インクルージョン・ダイヤル」*の上位にいる状態で会合に参加する人がいる一方で、様々な理由により、そうは感じずに参加している人もいる可能性があるのだ。前もって内々に意見を集めておくことで、率直に話すリスクを低減させられる。さらに進んで、プロセスにおけるあらゆる不安材料について話し合える状態にしよう。チームの権限の妨げになりうるものは何だろう？　各メンバーがこの話し合いにもたらすのはどんな懸念事項だろう？　こうした問いかけによって参加者の立場やリスクの格差がなくなることはないが、不安を列挙することで、それらにより対処しやすくなる。

次に、この話し合いをうまく進められるよう、優れた進行役を指名しよう。進行役は、異なるスキルと経験をもつ幅広い層の人たちが互いに生産的にかかわりあえる空間をもっとも

＊これは私たちの好きな例えで、職場におけるインクルージョンの進行度合いを示すものだ。基準レベルの安全を感じている状態から、真に高く評価され、無敵だと感じている状態まで、段階がある。このフレームワークについては水曜日の章で詳しく取り上げる。

生み出せそうなメンバーがよい。話し合いが始まったら、早い段階でひとつの考えかたに集約したいという衝動は抑えよう。異なる見かたを提示してくれる意見に喜んで耳を傾けよう。「違う見解の人は?」だとか、さらにいいのは、「違う見解を示せる人は?」と声をかけて発言を促そう。ある人に、違う意見をもっているのか、あるいはもっていないのかを尋ねることで、本人は他のメンバーと違う意見を示しやすくなる。

状況分析

組織の重要な課題を絞り込んだら次へ進もう。

解決すべき課題の候補を選ぼう

チームと共に、最初に解決すべき課題を選ぼう。高い信頼とスピードを備えたリーダーシップの利点のひとつは、優先順位付けの懸念を軽減できることだ。いま築いている新たな課題解決文化においては、今すぐには取り組まないというのは、「やらない」ことではない。あくまでも「今のところは」ということだ(さらに言えば、「今のところは」というのは、「今日のところは」であって、「今月のところは」ではない。そこまでいくと、ずっとやらないのと同じことになってしまう組織もなかにはあるだろう)。課題を黙認することなく解決すると、この組織は進んで対策を講じるのだと皆が確信し、落ち着けるようになる。もしこの一連の流れが自社ではまるで起こりそうにないと感じたら、「組織があなたを足止めしようとしていることを示す10のサイン」を参照してほしい。

それでは、まず出発点を決めよう。私たちがよくとる方法は、これまでの話し合いの場で明るみに出た課題を比較的簡潔な形で要約することだ。業界用語やら機能的な省略表現は最小限にとどめよう。あなたが朝から晩まで何をしているのかほとんど知らない家族に、この課題を説明するところを想像してみるといい。* ビジネスの様々な部分に関心が向けられた場合、次のようなリストになる人もいるだろう。

1．迅速なイノベーションを起こせていない。
2．顧客はもはやわが社と競合他社との区別をつけられなくなっている。
3．わが社のリーダーはわれわれ従業員を代表するものではない。

はっきりしたきっかけがあったり、課題が提示されていたりする状況でこの一連の作業を

*その場に母親がいると想像してみよう。極めて賢明、かつごまかしを嗅ぎ分ける超人的な能力をもつ女性を。「そのばかげたことばの裏に何を隠してるの?」と訊かれることになるかもしれない。

始めた人は、もう1、2段階分析を深めてみよう。例えば、良い人材が今では高い割合で辞職している場合、その集団離脱のもっともな原因として挙げられる点は何だろうか？　これについてもやはり、簡潔にわかりやすいことばで見解をまとめよう。

1．従業員は会社側が与えてもいいと考えている以上の自律性を求めている。
2．従業員のなかには順当なペースで昇進できていない人がいる。
3．わが社の文化は黙認すること、そしてときには、「ばか丸出しの（assholery）」報酬を与えることだ。*

メンバー全員に、なるべくなら互いの影響を受けない状態で、リストからひとつを選んでもらい、どの課題がもっとも熱を帯びて浮かび上がってくるか確かめよう。今日はこの後の時間で、チームの意見を追加データや情報と合わせて検証することになるため、特定の見かたにこだわる必要はない。同僚たちを信頼し、どの課題がもっとも注目を集めたかを、ただ記録するだけでよい。

この時点で皆にとっての課題が明確になっていれば、検証と改良に十分に耐えうる見解があることに自信をもって先へ進もう。もし異なる意見が一定数ある、つまり、2つ以上の課題が1位の座を争っているようなら、どちらかひとつを選び、もう一方の課題にもじきに取り組むこと、理想を言えば、具体的な時期を示して(皆の来週の月曜日の予定はどんな具合?)取り組むことを、互いに確約しよう。

状況分析

解決すべき課題の候補を選び、それを業界用語抜きで簡潔に述べられたら次へ進もう。

組織があなたを足止めしようとしていることを示す10のサイン

あらゆる組織が課題解決に積極的であるとは限らないため、月曜日のどこかの時点で文化の壁を取り払う必要が出てくる場合がある。これは、「確実な管理」の企業にもっともよく見られるパターンだ。業績が明らかな危機的状況にはない場合、リーダーたちは現状にしがみつき、そのリスクを過小評価する。改革に対するこの手の抵抗は様々な

＊この専門用語は、学識豊かなボブ・サットンのおかげで、お上品な企業でも議論が可能となった。ベストセラーとなった著書『The No Asshole Rule』(New York : Warner Business Books, 2007)(『チーム内の低劣人間をデリートせよ』パンローリング)は、世間の企業文化への見かたを変えた。サットンは、企業価値、あるいは人間が基本的に備えている品性をあからさまに損ねて業績をあげた人への報酬という、見落とされがちな組織のコストを示した。

形で表れ、なかには把握するのが難しいものもある。あなたが組織のどの階層に属するのであれ、変化をもたらそうとするあなたを会社側が足止めしようとしている可能性を示す10のサインは以下のとおりだ。*

1. 課題のためのタスクフォースが設けられる。

少人数の大胆な改革チームをつくるなら問題ない。実際、今日すぐにでも取り掛かるようお伝えしていることでもある。ただし、タスクフォースという形はそぐわないことが多い。なぜそう言えるのか？　地位、権威、決定権のないシステムやプロセス、あるいは、それらを何ひとつもたない支援者を当てにするよう言われても、変化をもたらす足しになることはまずないからだ。

2. 時間と労力を費やすことに感謝される。

やりたいようにすればいいと言われ、相手にされていないように感じるのであれば、おそらくそのとおりである。ちなみに、これは反対されるのと同じことではない。今日のあなたの課題分析結果がどんなものであれ、それに対して反対意見が出ることは、何ら問題ない。改革者としてのあなたの責務は、相手が納得するよう自分の考えを主張することだ。そして、あなたの同僚の責務は、その考えに誠意をもって向き合うことであり、手放しで賛成することではない。

3. 組織に（本当に）課題があるかどうか疑わしいと思っている人たちがいる。

同僚のなかには、会社が課題を抱えているというあなたの主張そのものに反発する人もいる。厳しい真実は、当然のことながら受け入れがたいものだ。完全にインクルーシブな状態ではないといった文化の課題を示すデータは、特に受け入れがたいといえる。気持ちを強く持ってほしい。今日集めた証拠を示して、課題が本当に存在することを、そして、共感を呼ぶ物語を用いて、組織がその課題に対して代償を払っていることを雄弁に伝えよう。

4. 周りから上がっている批判の声に耳を傾けるよう求められる。

こうしたやりとりには変化形がいくつかあるが、「友人として、周りがどう言っているか伝えておくべきだと思って」ということばで始まることが多い。たいていの場合は、役立つ情報を与えてあなたをエンパワーするというよりは、牽制するための戦術である。

＊これはもともと、前著『世界最高のリーダーシップ』（ＰＨＰ研究所）で紹介した、読者のお気に入りリストの改訂版である。

その手には乗らずに、噂やデマに対処しよう。批判的な人たちに表立って発言するよう促すことで、彼らの懸念に直接向き合うことができる。なかには、もっともな懸念もあるだろう。協力関係は日の当たる場所で築かれるものだ。

5.「法的な問題」ということばで不安を煽る。

対処法としては、法務部と直接やりとりすることだ。法律の専門家たちは、彼らを悪く言う人たちよりもずっと創造力があり、考え方が柔軟で、課題解決志向であることが多い。法律家が、それ以外の人たちが決めつけているような、リスク嫌いで面白みのない人であることはめったにないので、早めに手を組もう。

6. 解決すべき課題は他にもあると指摘される。

こういった指摘をする人は、会社には前向きな変化を受け入れる能力に、目に見える限界のようなものがある、そして、その限界にあなたが危険なほど近づいていると考えているようである。人は、より良い現実に適応する自社の能力を（そのまま何もせずにいることによって発生する真の損失と同様）過小評価しがちだ。今日あなたが明るみに出した課題は、不満や月並みな状態、さらに、組織によっては、現状維持による真の痛みを反映したものであり、速やかに対応されるべきものなのだ。

7. 未来のほうが変化を起こすための条件がより整っていると何度も言われる。

抵抗を示す表現として、これがもっともよく見られるものかもしれない。未来のある時点において、変化を起こすのがより簡単になるという幻想だ。私たちの経験から言って、まずそうはならないし、たいていの場合、その逆になる。今あなたがもっている明確な問題意識と勢いは、とてつもなく大きな財産だが、長持ちしないものでもある。ほとんどの場合、「今すぐにという強い切迫感」が勝利をもたらす。周りの人たちの成功とウェルビーイングがかかっている場合はなおさらだ。

8. 行動のためのスケジュールが引き延ばされる。

これまたよくある先延ばし作戦だ。6と7の項目で示された懸念への対応策は提案されるものの、そこから先に進まない。あなたの見立ては概念レベルでは受け入れられているが、変化を起こすために示された日程は長く、曖昧だ。この展開を、月曜日だけでなく、週全体において、取り組みそのものへの脅威と捉えよう。極めて重要な課題を解決するとなれば、行動を起こすのは今である。

9. あなたの熱意もそのうち冷めるだろうと思われている。

マネジメント研究の第一人者であるアール・サッサーは、これを「腎臓結石マネジメント」と呼んでいる。結石同様、いずれは消えるという考えかただ。そういう相手には、自分は諦めないということを、できれば笑顔で、はっきり示そう。自分が上の立場にはないのであれば、上司お好みの淹れかたで用意したコーヒーを手にその人のオフィスを訪ねよう。毎朝、上司が課題に向き合ってくれるまでこれを続けるのだ。ちなみに、私たちはこの手でうまくいかなかったことがない。

10.「それはもう試したよ」と何度も言われる。

会社側はあなたが明るみに出したものによく似た課題にすでに取り組んだことがあり、不満と不信感をあとに残す以上の成果を挙げられなかったのかもしれない。そうであるなら、下調べをして、うまくいかなかった部分からできるだけ学んでおこう。とにかく、そのときと状況は異なるのだ。あなたにこれらの課題を解決しようという意志があるという、その重要な点を含めて状況は異なっている。あなたが以前に試していなかったのなら、大きな違いが生まれるはずだ。

組織の課題に関するデータを集めよう

課題の候補が決まったところで、この件に関係すると思われるあらゆる手持ちのデータを集めよう。私たちは、この既存の情報を「日曜日の晩のデータ」と呼んでいる。つまり、月曜日の活動の開始に先立って、会社側がすでにもっている情報のことだ。ここで言わんとしているのは、いったん立ち止まり、多くの企業でそう簡単にはいかない仕事ではあるが、このデータへのアクセスを可能にし、課題解決メンバーの間で必然的に生じる情報格差を少なくする必要があるということだ。

実際のところ、あなたの過去の決定によって生じたデータが、共有可能な一連の事実として構築されている。課題は、それまで目を向けていなかったところに潜んでいる可能性が高いが、その課題に払っている間接的な代償はデータのどこかに現れているはずだ。この週の先に訪れるひとつの結果によって、こういった関係性がよりはっきりと見えてくるだろう。

狙うべきデータとは？　手短に言えば、どんなデータであれ、課題についての理解を深める助けとなるだろう。多ければ多いほどいい。そのデータの山は各自の状況に応じて異なるだろうが、考えるきっかけとなりそうなデータのリストを次に示しておこう。

・企業の理念やビジョン、価値観に関する声明
・最近の投資家向け資料、取締役会資料、アナリストの報告書
・戦略文書（例：事業計画、製品開発の計画表）
・複数年度分の決算報告書
・顧客獲得、顧客離れ、顧客層細分化に関するデータ
・顧客調査や顧客からのフィードバックのデータ
・従業員の感情に関するデータ（例：エンゲージメント調査、退職者面談）
・従業員の業績データ（例：昇進や人材定着に関するデータ）
・注目度の高い情報（例：新聞や雑誌の記事、市役所の記録、企業の掲示板）

基本的に、どんな既存データもここでは生きてくる。サンノゼ市の元最高データ責任者、クリスティーン・キアンが、市の低所得世帯向けの教育課程の改善法を見つけ出そうとしていたとき、キアン率いるチームは、奨学金の登録に関する10年分の行政記録を徹底的に調べた。すると、95パーセントを上回る奨学生が、最寄りのコミュニティセンターから1・5マイル以下の距離に住んでいたことがわかった。データを分析し、住民に直接接するチームと活発に協議していくうちに、その理由が見えてきた。奨学金制度は、コミュニティセンターのポスターやチラシでしか案内されていなかったのだ。つまり市は意図せずして、たまたま

コミュニティセンターの近くに住んでいた人たちに特権を与えていたのだった。

この課題を解決するために、キアンのチームはサンノゼ市全体での認知度を高めることに重点を置き、SNSや低コストで創造的な宣伝活動をとおして市の存在感を高めた。キアンはこのプロジェクトの成功を振り返り、組織の情報とのかかわりかたを変えることの重要性を強調した。「私たちが及ぼした影響は、データから導き出された洞察と選択肢によって市の職員をエンパワーし、重大な戦略的決定だけでなく、住民の経験に影響を与える何千という小さな決定を改善するための情報を提供したことです……地域の実情を捉えきれていない地方自治体はこの点を理解していません」(注5)

キアン率いるチームは、課題に関するデータへのアクセスを解放し、それを最前線にまで押し広げることで、急速に改革を前進させた。こういった形の権限委譲をおこなうには、組織によっては、情報の保護に走ろうとする動きを抑える必要があるだろう。それが、たとえあなたの月曜日の旅の仲間に対しておこなう権限委譲である場合でも。多くの企業、とりわけ成熟企業では、アクセス制限の文化があるために、効率的な課題解決に必要とされるデータを結果的に隠すことになるからだ。とはいえ、そういった情報へのアクセスを、社内の全員に認める必要はないし、ましてやより広く公にする必要もない。実際、その情報についての対応策もないまま、プロセスの初期段階で情報を広めれば、改革任務が滞り、下手すれば失敗しかねない。

ＤＥＩへの取り組みを加速させようとする大企業と私たちが仕事をした際には、データを広く共有せよという圧力は最初から高かった。その企業が、これから解決すべき課題をまだ十分に理解してもいなかった（ましてや自信満々の解決法などなかった）というのにだ。最終的にはデータを共有したが、それはその企業が強固なＤＥＩ戦略と首脳部を整備してからのことだ。ここで重要なのは「最終的には」ということばだ。木曜日、またの名を「物語を伝える日」に、同僚たちに改革の必要性を強く訴える際、このデータのいくつかを引き合いに出すことになるはずだ。ひとまず、あなたのやるべきことは、事実をはっきりさせ、力を貸してくれる人たちとその事実を共有することだ。

状況分析

課題に関連するデータを集め、それを課題解決の仲間たちと共有できたら次へ進もう。

集めたデータで証拠を固めよう

「日曜日の晩のデータ」から何がわかっただろうか？　この章ではこれ以降、ステークホルダーと話し、新たなデータを集める話になるが、他の人を巻き込む前に、まずはすでに手元にある情報でどこまで進められるか試してみよう。この段階で、データ分析係に作業に取りかかってもらうことになるかもしれない。GEアプライアンス（GEA）社でかつてインクルージョンおよびダイバーシティに関するグローバル・エグゼクティブであったA・J・ハバードがこの会社の文化を変えようとしていたとき、彼はまずその出発点をGEAに理解するよう求めた。「この組織は作業者の集まりなんだと言われたよ」とハバードは当時を振返って言った。「「どうすればいいか具体的に指示してくれ」「の気風でね」……そのことばを一蹴してこう言った……提案することはできますが、むしろ一緒にデータに目をとおしてもらいたい……誰が入社し、誰が辞職し、誰が昇進し、誰が高い潜在能力をもつとみなされているかを知るために、とね」（注6）ハバード率いる作業チームは最終的に、アクセスや分析、会社がすでに集めたデータの活用を容易にするダッシュボードをつくった。第一歩として、ハバードはGEAがすでに知っていること、あるいは知っているはずのことから何かを得るよう求めた。

組織において不信感が急速に高まる要因のひとつに——ちなみに、これはよくある要因だ——情報提供を求めておきながら、その情報に対してほとんど手を打たない（何かしら手を打つにしても、時間がかかる）というものがある。これは、毎年恒例の文化調査で特によく起こる。多くの企業が従業員のエンゲージメント低下や不満に関するデータを集めていながら、それらの課題に目に見える形で何の対処もせず、翌年に再び同じことを尋ねているのだ。

今週の活動を進めながら、私たちお気に入りの問いかけ、きっかけとなる問いかけについてじっくり考えてみてほしい。他の人たちの時間を、自社のもっとも戦略的な資産と捉えた場合、何が変化するだろうか？　あなたは同僚やリーダーとしてどんな人になるだろうか？　あなたのそばにいるとき、他の人たちはどんな人になりうるだろうか？

　課題についての自説の正しさを証明するためにこのデータを使おう。例えば、戦略上の課題に取り組んでいるのなら、その課題についてより体系的に考えられる分析のフレームワークを選ぼう。（注7）取り組んでいるのが文化の課題であるなら、退職者面談や全社的な調査を見直そう。能力あるいは業務上の課題ならば、顧客からの苦情のパターンを探ろう。営業チームの販売数量と会社が確実に納品している数量に生じている食い違いを証拠書類で立証しよう。解決しようとしていることが実際のところ課題であるのかどうか、現時点でどうしてわかるだろう？

　このやりかたの代表格は、プロセスを前に進めるために、課題ステートメントのレンズ（訳注：データセットを条件設定や集計機能を使用して〝ある切り口で〟表現したもの）を用いて、既存データの追加分析をおこなうことだ。つまり、データ分析係に、より具体的な一連の質問と共にデータに向き合ってもらうのだ。例えば、従業員の不満の高まりという課題に取り組んでいるのであれば、成功していない人にどんなパターンが見いだせるだろうか？　それは全員なのか、それとも、ある特定の集団なのか？　ある特定の集団なのであれば、キャリアのどの段階でもっともよく起こっているのか？　職務は何か？　どんなデモグラフィックなのか？

このような追加分析は、最初は圧倒される思いだった課題、感情的になりかねない、あるいは組織にはどうにもできない要因によって複雑化した課題に特に役立つことがある。「素早く動いて課題を解決する」という考えかたの特徴として、圧倒されたり、困惑したり、恐れを感じるからといって、立ちすくむことは許されない。それらの感情はむしろ、不満が組織への懸念に、さらには失望にまで発展する前に動き出せという合図なのだ。あらゆる変数を制御することはできないが、自分にたしかに備わっている力を見いだすことはできる。その力は、あなたが考える以上に強いはずだ。課題にデータで根拠を与えることは、解決へ向けた重要な一歩となりうる。

ＤＥＩの課題に取り組んでいるどの企業にとっても、課題の徹底的な分析は特に役立つことが、私たちにははっきりわかっている。より大きな社会的な意味合いでの不公正や分裂を解決することはできないかもしれないが、あなたのチームで信頼を取り戻し、あなたの組織内の格差を一掃することはできる。以前に書いたことなのだが、ＷｅＷｏｒｋ社がより強固なジェンダー・エクイティの文化を築けるよう作業を共に進めていた際、採用の流れの様々な時点における女性候補者の経験についてより深く理解するため、私たちは既存データを詳しく調べた。採用された人のデモグラフィックに加え、誰が落とされたか、誰が面接に呼ばれたか、誰が最終面接まで進んだかなどのデータに注目した。採用プロセスが健全であれば、ある段階から次の段階に進んでも、男女比率はほぼ変わらないはずだ。仮に、選考段階で女性が40パーセントを占めていたのであれば、面接に進めるのもおおよそ40パーセントとなるはずである。段階が進むごとにそれらの数字が著しく変わっているのであれば、そのプロセスには対処が必要だと言えるだろう。

この種の分析は、非常に実用的な解決法につながることがある。例えば、私たちが助言したまた別の企業では、採用プロセスにおける男女比率の変化の要因は、仕事をもつ母親によくある職務経験のとぎれについてよくわかっていない人をマネジャーにしていたことだと判明した。このような分析の細かさから迅速な解決に十分な情報が得られることは多い。この件については、1人の従業員とのリスクの低い短い会話で解決した。

プロセスのこの段階でのこういった詳細な分析は、どの企業のどんな課題にも役立つわけではないだろう。例えば、もしあなたが「ばか丸出しの」報酬を与えているようであれば、社内で一二を争う厄介なワルたち（知らない人はいないはずだ）の周りで、エンゲージメントや辞職にパターンがないか確認してみるだけで済むだろう。前途有望な下級弁護士が、ある特定の上級弁護士を避けてはいないだろうか？　彼らと仕事をした後で辞職する人が多くはないだろうか？　課題の本質が何であれ、こうした作業で重要なのは、A・J・ハバードのことばに従い、知らないことを見いだす前に、すでに知っていることを見つけ出すことだ。

状況分析

すでに手元にあるデータから課題について可能な限り情報を得られたら次へ進もう。

課題についての理解をより深めよう

私たちはほとんどの企業に、新たなデータを探求するにあたって、まず課題の影響をもっとも受けているステークホルダーから話を聴くよう勧めている。例えば、分析結果から退役軍人がなかなか昇進できていない、あるいは黒人女性が不釣り合いなほどに高い率で辞職していることが明らかになったなら、課題についてまず誰と話すべきかわかるだろう。事態をこれ以上ややこしくしないために動き出そう。

ここでの主な戦術は、会話である。このやり取りを、面接やフォーカスグループのようなかしこまった形でおこなうのもよい。その場合、会社がその課題を真剣に受けとめていると示すことができるだろう。ただ、機会をうかがって、よりくだけた形でおこなうのもいいだろう。同僚とコーヒーを飲みながら雑談したり、定例会議の終わりに質問を付け足したり、大事な顧客への営業電話をうまいこと長引かせたりといった形で。私たちは、よりくだけたこの方法を「部屋着での会話」と呼んでいる。課題によって、また状況によっては、より良い情報がこの方法でもたらされるだろう。

これら2つの方法を一体化してみよう。私たちはよく、フォーカスグループを実施し、その後、参加者数人にくだけた形でフォローアップの電話をさせてもらう。このとき、話し合いにもっとも積極的だった、あるいは洞察力に優れていた参加者を選ぶこともあるが、話し合いに消極的だった参加者へのフォローアップもおこなう。誰よりも口の重い人たちから話を聴くことで、課題の本質についての深い洞察を得ることもあるのだ。

こういった会話ですべきことは、人類学者的好奇心とリーダー的責任感をもって耳を傾けること、しっかりと耳を傾けることだ。今日すでにおこなった作業から得た情報をもとに、あらかじめ質問事項を準備しておこう。こうすることで、参加者に敬意を払っていること、この件について事前にじっくり考えたことが示される。これらの話し合いで明るみに出た事柄を記録しながら、その場のことば以外のコミュニケーションも観察しよう。参加者はこの話し合いに対してどんな反応を示しているだろう？　あなたに対しては？　お互いに対してはどうだろうか？

私たちの同僚のヒューバート・ジョリーが家電量販店ベスト・バイの再建を率いた際、まず決断したことのひとつは、現場で働くチームと直接話をし、商業上壊滅的な打撃となっている「ショールーミング」についての理解を深めることだった。顧客には非常に合理的な習慣ができており、ベスト・バイの店舗を訪れ、知識豊富な従業員から親切に個人的な商品説明を受けると、家へ帰り、より安くより便利なアマゾンのような業者から商品を購入していたのだ。ジョリーのリーダーシップのもと、ベスト・バイは価格をオンラインと同じにすることを発表し、革新的な「店舗受取」システム（オンラインで購入した商品が1時間以内に実店舗で受け取れる）を開始して、ジョリーが来るまでは前例のなかった、競合企業最大の強みであるスピードに対抗した。こうしたアイデアの種は、ジョリーが在職期間の初期におこなった従業員との対話のなかでまかれた。（注8）

常に覚えておいてほしいのは、率直な意見を述べることで、より高いリスクを負う人たちがいるということだ。機密保持を保証し、話しやすくしよう。今後の議論で名前を出す必要が生じた場合は、改めて本人に確認して許可を得よう。これはまた、どんなグループに誰を参加させ、どういった形の話し合いにするかを示す機会でもある。課題診断チームから進行役を募ろう。ただし、解決しようとしている課題にとって、それが理にかなう場合には、ためらわず別の人を代理に任命しよう。

仮に課題が戦略であるならば、つまり、市場がもはやあなたの会社と競合他社との区別をつけられなくなっているならば、この時点で向き合うべきは顧客だと判断しているはずだ。この場合、例えば、もっとも優秀な販売員に、さらにはCEOにも活躍してもらうといいだろう。顧客がもっとも気にかけていることは何か？　それほど気にかけていないことは何か？　お金を余分に払ってでも、あなたの会社が独自に生み出す付加価値を求めるだろうか？　こういった話し合いをおこなう権利こそ、これまでの月曜日の作業を進めてきたあなたが得たものだ。今度は、その話し合いにふさわしい人を送りこもう。

会計ソフト大手インテュイットの創業者、スコット・クックもまた、あなたに顧客の行動を観察するよう促すはずだ。クックは、同社の伝説的な「お宅訪問」計画を打ち出した。これは、了承を得た顧客の家をインテュイットの従業員が訪れ、顧客が自社製品を使っているところを観察するというものである。クックは同社の成功の多くを、その原動力となる習慣と社風、つまり、率直さ、謙虚さ、注意深さのおかげだとしている。（注9）「お宅訪問」では、顧客のコメントよりも観察することが重視され、1度の訪問につき複数の従業員が派遣される。それというのも、従業員が違えば、それぞれが気づくことも違ってくるからだ（違いの力については週の後半にさらに詳しくお伝えする）。インテュイットは年に1万時間を超える訪問をおこなっており、ＣＥＯはそのうちの１００時間を記録したことが知られている。「［お宅訪問］で得られるものは、データからは得られないものだ」と元ＣＥＯのブラッド・スミスは振り返っている。「相手をしっかり見つめ、その感情に触れる必要があるんだ」（注10）

組織内で、ある特定の集団が成功していないという課題に取り組んでいるチームには、「大きな」課題（例えば、昇進を妨げている障壁）についての話し合いと、いわゆるより小さな課題についての話し合いを組み合わせることをおすすめする。こうした課題は、表面上はささいなものに見えるかもしれない。優秀な従業員たちは、チームの輪を乱す人間だと思われるのを恐れて、あえて口にはしないような事柄だろう。しかし、それらは特別に重要な意味をもち、より大きな課題を指し示す可能性もあるのだ。

私たちはこの話し合いを「侮辱リスト」づくりと呼んでいる。あなたの会社で日常的にできる切り傷や打ち身、あなたの同僚たちの尊厳を徐々に傷つけるストレス要因を表面化するためのものだ。侮辱は、盲点や主張のずれから生まれることが多いため、あらゆる人が同じように受けることはまずない。* そして、最小限の労力と投資で解決できる可能性が極めて高いものでもある。

新型コロナウイルスの世界的大流行のさなか、ある病院組織が、看護師本人たちと直々に何度も話をし、看護チームにおける大量離職の課題に対処していた。その病院には解決すべき大きな課題、すなわち給与と職務設計に関する課題があったが、必要不可欠な人材の大量流出につながる、より小さな課題もあった。話し合いのなかで明るみに出た侮辱のひとつは、比較的値段が安く性能の劣るコピー機がすぐに故障し、いつまでたっても修理されないというものだった。コピー機が故障中ということは、ただでさえ大量の業務を抱えている看護師

*意思決定者たちの人生経験が、従業員の大多数とは実質的に異なる場合、従業員の尊厳は必ずやどこかで傷つけられているはずだ。

が、使えるコピー機を探してあらゆる階を行ったり来たりしなければならないということだ。その日その日に生じる余分な歩数はたいしたことではなくとも、病院が看護師の仕事をさらに大変なものにしているという事実が、看護師が軽視され、過小評価されているという印象を強めていた。（注11）

想像してみてほしい。性能のいいコピー機への迅速な投資と事前の保守計画があったとしたら、この状況はどこまで変わっていたことだろう。はっきりさせておくと、「どこまで」の内容に含まれるのは、単にコピー機の修理のことだけではない。その投資へとつながっていただろうプロセス、この課題が明るみに出やすくなっただろう新たな対話の糸口、故障したコピー機によって示されたより大きな課題への取り組みまでもが含まれる。これこそが月曜日の、実際のところ、週全体にわたっての精神だ。火事が起きてからの「消火活動」から、火事を起こさないための自信に満ちた「防火活動」へと、発想を転換させる精神なのだ。*

状況分析

課題の影響をもっとも受けているステークホルダーから、課題に関する新たな見かたを得られたら次へ進もう。

今週解決する課題を決めよう

課題解決チームを、元々のメンバーと途中で代理に任命した人を合わせて再編成し、今日わかったことについて意見を交わそう。この課題に関するあなたの見解は正しかっただろうか？　真に説得力のある根本原因は何だろう？　これまでに皆を驚かせたり、やる気を起こさせたり、動揺させたりしたことは何だろうか？

ヒューバート・ジョリーは、ベスト・バイで彼独自の「月曜日の作業」を終えたあと、認識していた課題の根本的原因は、基本的に取引型の文化にあるとした。簡単に代替が可能なテレビやコンピューターを売り込む代わりに、ジョリーは、より高い目標を会社にもたらし、その戦略や事業、財政を立て直そうと決意した。テクノロジーをとおして顧客の人生を豊かにするという新たな約束を果たすために。これほど明確化できたのも、ジョリーが真の課題解決にまず取り組んだからだ。一見したところ比較的単純な消費者行動の問題であるショー

＊スモーキー・ベアを覚えているだろうか？　結局のところ、あなただけが組織の火事を防ぐことができるのだ。（訳注：スモーキー・ベアは、アメリカで山火事の危険性を一般に広めるために用いられたキャラクター。「キミだけが山火事を防ぐことができる」というスローガンがよく知られている）

ルーミングが、より深刻なものであったことがわかったのだ。

ジョリー同様、あなたも驚くような根本的原因を見いだすかもしれないし、あるいは課題は最初の予想どおりだったかもしれない。とにかく私たちの経験から言えるのは、どちらに行き着くかを週のはじめに知るのはほぼ不可能だということ、そして、その答え探しに「1日」をかける価値は間違いなくあるということだ。

月曜日の任務を締めくくるにあたって、この最終打ち合わせの目標は、会社が次に解決すべき課題への賛同を得ることだ。緊急性が高まっている課題、明らかに混乱や阻害を生んでいる課題を選ぼう。得たばかりの豊富で具体的な情報を用いて、解決すべきことを言い表そう。例えば、「わが社の戦略は成功していない」ではなく、「わが社の安全第一の戦略は、大事な顧客に心から満足してもらうことよりも、誰にも失望されないことを目的としている」と考えよう。行動を起こす気にさせるようなことばで課題を互いに伝え合おう。この解決可能な緊急課題がもたらす危険は何か？　素早く動いて解決することに皆の時間を費やすだけの価値があるのはなぜなのか？

今日という日を終えるにあたってひとこと。おめでとう。月曜日は、自分でつくる《DIY》冒険の日で、その見た目は組織ごとに異なる。それでも、共通しているのは、この冒険に取り組めば、「加速する卓越性」を妨げる大きな障害物を少なくともひとつは特定できるということだ。自分のチームを信頼し、賢明かどうか、ましてや可能かどうかなどと考えずにすぐに行動を起こすという私たちの方法でそれをおこなえば、ただ同然で計り知れないほどの見返りを得ることができるだろう。

状況分析

解決すべき真の課題を突きとめたら次へ進もう。

第2章 火曜日

信頼の課題を解決しよう

おはよう！　今日あなたが覚えているその新たな感覚は、私たちが「火曜日の朝の自信」と呼ぶものだ。それは真の課題を解決しようとしていることによって生まれる自信であり、より一般的に言うと、活動と影響、すなわち、何かをすることと、何かをすることで組織に変化をもたらすこととを区別していることから生まれる自信だ。

「火曜日の朝の自信」には、うぬぼれ《プリテンス》も尊大さもない。どちらもリーダーシップの道のりにおける強烈な誘惑だ（私たち自身、常に抗えたわけではない）。実際、あなたが今週おこなっていることは、もはや「ふりをしない《プリテンディング》」ことであるとも言える。あなたは月曜日、まずは自分の考えに疑問を投げかけてより多くのデータを集めるという作業もしないうちから、解決すべき課題がわかっているふりをするのをやめた。そして、あなたは今日、まずは自分のアイデアを試してうまくいくかどうか調べることもせずに、課題の解決法がわかっているふりをするのをやめる。

今日の目標は、「まずまずの計画」を立てることだ。* 「まずまずの計画」とは、課題の中心にいるステークホルダーとの信頼を築き、再構築するための計画だ。私たちは火曜日を「砂場デー」と呼ぶことがある。組織の砂場に入って遊んでもらいたいという思いからだ。あなたには今日、デヴィッド・フォスター・ウォレス言うところの有名な「われわれ自身のちっぽけな頭蓋骨サイズの王国」(注1)の壁のはるか外側で、学ぶ状況をつくり、動いてもらいたい。今日は、新たなことを試し、次に何が起こるにせよ、それに注目してもらいたい。このプロセスに明るさを、さらに言えば、喜びをもたらしてもらいたい。危機にさらされている状況ではなおさらだ。そういうときにこそ喜びが必要になるのだから。

作業のこの段階でのモットーは、「新たな警告音を探そう」だ（これから説明するので少し待ってほしい）。フランシスがMBAプログラムの学生とおこなうお気に入りの授業に、「電気迷路」というチームでのエクササイズがある。各チームは、床の上に同じ大きさの正方形がいくつも並んでいる迷路で、ゴールに至る唯一の正しい道を見つけなくてはならない。その途中で得られるフィードバックは2種類のみ。「間違い」の正方形を踏むと、けたたまし

＊「まずまずの計画」は、「完璧な計画」とは異なる。「完璧な計画」とは、捉えどころのない空想上の生き物であり、これまでに野生の状態で実際に目撃されたことはない。「完璧な計画」探しは、完璧主義者的な栄光の夢を抱く、数多くの感傷的な経営者の歩みを鈍らせている。

く威嚇的な警告音が鳴り、「正解」の正方形を踏むと、満ち足りた静けさが訪れる。それに加えて、おしゃべりは禁止だ。各チームは、書面か手ぶりでしかやりとりできないが、これは、現代の組織におけるコミュニケーションの難しさを模している。（注2）

この先訪れる、経験に基づく学びの機会を台無しにしないために、一番うまくいくチームは、「新たな」警告音探しを素早く、意図的に、とにかく楽しんでおこなうチームであるとだけ言っておこう。うまくいくチームは、新たな警告音が鳴るたびに、解決へと近づく刺激的な進歩があったと考える。これこそが、火曜日をとおしてあなたに感じてもらいたいことだ。つまり、あなたの好奇心旺盛な内なる科学者には、もう1日そこにいてもらったほうがいいだろう。なぜなら、その内なる科学者には、未解決の課題にどう対処すべきかがはっきりとわかっているからだ。そして、その対処法とは、賢明な実験をおこなうことである。

火曜日の行動計画

1. 意欲的に失敗する
2. 自分の組織の「信頼の揺らぎ」を見つける
3. ビジネスモデルの点検をする
4. 従業員のスキルを向上させる

5. 働きかたを変える
6. 「新たな」人材を見いだす
7. 難しい人事的決断をおこなう
8. 他の人たちのことも大切にする
9. 有言実行する

必要なもの

- 楽観主義
- 複雑さによる活動停止を拒む力
- 「賢明な失敗（またの名を「新たな警告音」）」を受け入れ、単にうまくいかなかった試みとみなすという誓い（注3）
- ふさわしい人を昇進させ、害を及ぼす人とは決別しようとする意志
- 実際的な経営知識、あるいは物事の仕組みをわかっている経営者とのつながり
- 大人向け飲料各種*

*私たちの言う大人向け飲料とは、丸1日の仕事終わりを祝う高貴な液体のことだ。酒類も同じ有効成分を含むものとして選択可能である。ちなみに、フランシスお気に入りの大人向け飲料は、よく冷やしたストレートの高級トニックウォーターだ。

意欲的に失敗しよう

目覚ましい成長を見せ、ひときわ消費者から支持されているフィンテック企業、ナードウォレットでは、失敗は成功の基盤と受けとめられている。この考えをより強固なものにしているのが、オフィス内の有名な「失敗の壁」で、従業員は自分たちの間違いを付箋紙に記してこの壁に残している。例えば、CEOのティム・チェンは「失敗の壁」を使い、広告会社への外部委託の失敗をこう振り返っている。「アイデアの創出やなんかも含めて、広報を代理店に任せようとした。結果、マスコミに取り上げられたのは6か月間に5回だった」このような付箋紙で「失敗の壁」は覆われている。（注4）

「失敗の壁」は、あなたの組織でどんな役割を果たすだろうか？　あなたのチームでは？　ちっぽけな頭蓋骨サイズの王国では？　チェンの共同創業者、ジェイク・ギブソンは、この壁の論理を次のように説明した。「従業員はあらゆる行動を、合否を判定される類のものというよりはむしろ実験だと考える必要がある」（注5）これは、これまでずっと間違い回避ゲームの訓練を受けてきた多くの人にとって、発想の転換となりうる。そのゲームには、ごく単純なルールがある。成功は善、失敗は悪、以上、というルールだ。しかし、賢明な失敗、何かしら重要なことが学べるような失敗は、あなたのチームでも上位を争うほどの価値ある資産となるだろう。「電気迷路」でわかったように、成功への最速コースは、不成功から体系的に学ぶことなのだ。

絶え間なく実験し続けることで有名なグーグルが、自社の賢明な失敗の数の推定を試みたところ、計画的におこなった実験の80～90パーセントが、否定的な結果を生んだという意味において失敗していることがわかった。(注6)言い換えれば、グーグルの一流技術リーダーたちは、80パーセントを超える確率で正しくない予想（またの名を間違い）を立てているということだ。それなのに、人は自分の間違いを、思いがけなく現れたありがたくない妖怪のように捉え、その失敗率を何とかして0に近い状態で保てないかと考える。その数値に近づける唯一の方法は、課題解決には見向きもしないことである。またもや私たちの迷路の例えで言うなら、正方形に最初の一歩すら踏み出さないということだ。「確実な管理」から抜け出せない人たちは、自分たちの組織でこれに似た状況を経験しているのではないだろうか。

「失敗の壁」にならって、あなたのチームに、そして、あなた自身に、この段階での目標は正しくあることではなく、学ぶことだと伝えてもらいたい。私たちが仕事の上で「試験的」ということばをなるべく頻繁につかうようにしているのも、このメッセージを強固にするためだ。試験的プロジェクトという概念は以前からずっとあるというのに、「考えかた」としてはいまだに十分に活用されていない。あなたの「まずまずの計画」を、課題解決のための試験的プロジェクトの集合体と考えてみるといい。計画はうまくいきそうだろうか？　おそらく、そうはいかないだろう。少なくとも、1度試したくらいでは。では、その計画は、うまくいく方法を見つけ出す手がかりになるだろうか？　確実にそうなる。

状況分析

失敗を不可欠な学びとして受け入れる気になったら次へ進もう。

自分の組織の「信頼の揺らぎ」を見つけよう

どこから実験に取り掛かるべきか？　手短に言えば、うまくいく可能性が十分にあると思えるものはすべて試した上で——難しいのは次だ——結果に執着しないこと。試験的なアイデアが成功したか失敗したかは単なる情報なので、できるだけ多くのアイデアを試してみよう。繰り返すが、重要なのは、学ぶことだ。

システムあるいは人を調整するべきか？　イノベーターを雇うか、あるいはイノベーション文化をつくろうか？　部下を教育するか、あるいは彼らの働きかたを再設計するのがいいだろうか？　答えはイエスだ。今週あなたが抱くことになる熱意と切迫感をもって、すべてをおこなおう。私たちは、論理的に順序だてて選択肢を提示していく。なぜなら、それが本書の役割だからだ。ただし、優先順位については深く考えすぎないこと。それよりも、組織が許容できる限りの急こう配の学習曲線を追い求めよう（それは予想以上に険しく、短時間で進む道となることが多い）。金曜日までには高速走行していることだろうが、今日は組織のエンジンの回転数を上げる機会だと考えよう。

試験的な解決策を引き出すにあたって、課題を、その中心にいるステークホルダーの視点から眺めてみてほしい。株主は、会社の収益性に失望しているのだろうか？　顧客は、競合他社へと流れてしまっているのだろうか？　Z世代の従業員は、不満を抱いて次々に辞職しているのだろうか？　課題の影響をもっとも受けている人（々）の顔を思い浮かべて、これを文字どおり一人一人の問題と捉えてみよう。昨日の話し合いのなかで、それらの人々の観点について、きっと多くを学んでいるはずだ。*

もしステークホルダーの出てこない課題だと考えているなら、そこにステークホルダーを加えよう。例えば、資金燃焼率《バーンレート》の高さが課題である場合、そのためにもっとも大きな代償を払っているのは誰なのかをよく考えてみよう。それは、資金を提供している（そして、次の投資ラウンドで苦境に立たされるかもしれない）投資家だろうか？　それとも、会社の生存能力に疑問を感じ始めている同僚だろうか？　ひとまずどちらかを選び、彼らの痛みを本気

*もしそうでなく、予期せぬ主人公がこの時点で登場した場合は、いったん立ち止まり、再度月曜日のようなデータ収集をおこなおう。

で感じ取ろう。（理由はどうあれ、それが感じられないのであれば、データ収集が足りていないということだ）

課題とは、組織がステークホルダーの信頼を失った状態だと言い表すこともできる。人と同じで、組織の信頼には、真正性、共感、論理の存在が欠かせないことを私たちは導き出している。（図2-1参照）。（注7）

組織として信頼されるためには、ステークホルダーから、自分たちは大切にされている（共感）、自分たちのニーズに応える力がある（論理）、やると言ったことはきっとやるはずだ（真正性）と信じてもらう必要がある。人が信頼を失うときと同じで、信頼を失いつつある、あるいは、できる限りの信頼を築こうとしてもうまくいっていない組織は、それら3つの要素のうちどれかが、がたついたり揺らいだりしがちだ。

このレンズをとおして月曜日に明るみに出た課題を見直してみよう。課題の中心にいるステークホルダーは、あなたの会社の共感、論理、真正性のどれに疑問を感じているだろう？例えば、顧客の信頼を失っている場合、彼らは、市場に数多くの新たな競合他社が存在するのに値上げしたことを疑問に感じているのだろうか（論理）？　それとも、何か問題があって連絡しようにも電話がまるでつながらないと感じているのだろうか（共感）？　それとも、営業チームが実行できないことをCEOが確約しているのだろうか（真正性）？

あなたの会社の一番の揺らぎは何だろう？　そして、それを解消するのにもっともいい方

図 2-1 組織の信頼に欠かせない重要な要素

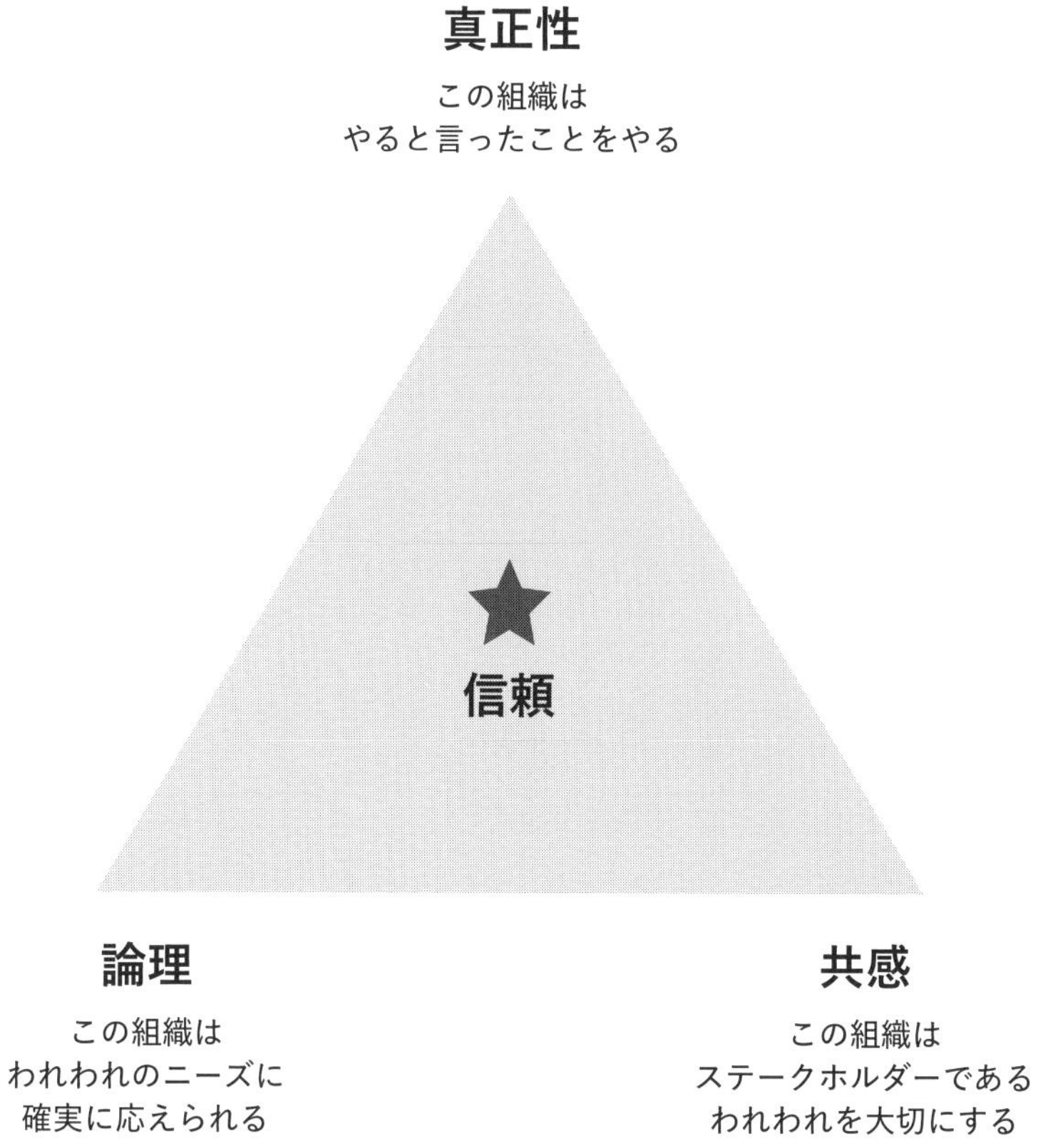
真正性
この組織は
やると言ったことをやる
信頼
論理
この組織は
われわれのニーズに
確実に応えられる
共感
この組織は
ステークホルダーである
われわれを大切にする

出典：Frances Frei and Anne Morriss, Unleashed: The Unapologetic Leader's Guide to Empowering Eneryone Around You (Boston: Harvard Business Review Press, 2020)
（『世界最高のリーダーシップ』PHP 研究所）

法は何だろうか？　考えるきっかけとして、「組織の信頼にかかわる10の落とし穴」を参考にしてほしい。今日はこの先ずっと、組織規模で機能することがわかっている、論理、共感、真正性への投資について取り上げていく。それらはレバーとも言うべきもので、そのレバーを引くことで、あなたは素早く大きな影響を組織に与えることができる。私たちは、製品の実験よりも人の実験により時間をかけていく。なぜなら、製品の実験はよくおこなわれている（グーグルに感謝）というのに、それ以外のビジネス場面、とりわけ、自社の人的資源の活用での実験はほとんど見かけないからだ。経験から言って、ほとんどの課題が人の形で現れるというのもまた事実だ。あなたの「まずまずの計画」は、あなた自身の状況に合わせてカスタマイズされたものになるだろうが、少なくとも取り掛かるにあたって、この先のページに出てくるアイデアも参考にしてもらえればと思う。

　課題の性質によっては、本書を超えた深い洞察とフレームワークの世界が、解決の力となることもある。下調べをしてそれらの教材を活用することもおすすめするが、それよりもっと大事なのは、今日行動を起こすこと、新たな物事に挑戦することである。本書であれ、他の書籍であれ、これ以上読み進める前に、あなたとあなたの同僚たちがすでに手にしている信頼構築のアイデア、たった今浮かんだアイデアを実行に移そう。難局の打開につながる真実と共に、あなた版の迷路の探検を始めよう。それはきっと思いもよらない道のりになるはずだ。

状況分析

課題の中心にある信頼の揺らぎについて仮説が立てられたら次へ進もう。

組織の信頼にかかわる10の落とし穴

トルストイの『アンナ・カレーニナ』は、「幸せな家庭はどれもよく似ているが、不幸な家庭はそれぞれ不幸の形が異なる」という有名な文で始まる。組織の場合、その機能不全は家庭崩壊に似ていなくもないが、より意外性に欠けることが多い。どの企業が置かれている状況もそれまでにないものではあるが、それぞれが抱える問題はありふれたものになりがちだ。次に挙げるのは、私たちが仕事のなかで非常によく目にする信頼の課題である。信頼のどの要素が揺らいでいるかも付け加えている。

1. 選択の回避

これは、意見を一致させようとすることから、組織としてあらゆる面で秀でようとすることまで、様々な形で登場する。（**ささやかなヒント**）分散投資はより安全なように思えるかもしれないが、「全員」とも言うべき各方面からの要望に応えるほうが、企業にとってはずっとリスクの高い道となることが多い。選択を拒否することで、うんざりするような月並みな状態が続く可能性は高まる。揺らぎの要素：論理

2. 英雄的な従業員への依存

多くのビジネスモデルは、実際にそこで働く従業員、すなわち、欠点もあり、仕事以外の生活もある人々向けではなく、誰もが理想とする従業員向けに設計されている。常に期待をはるかに上回る仕事をする人々に頼る経営をするのであれば、そのような魔法の生き物探しにより一層力を注ぎ、桁外れの給料で報いる覚悟が必要だ。実際にその任務に立ち向かえる組織はほとんどない。揺らぎの要素：論理

3. 光り物症候群

人間の脳とはおかしなもので、古くさいものがより重要になる場面でも、真新しいものに注目してしまう。新たなチャンスの追求における意志の欠如（陽気さはそがれるが、またの名を自制心の欠如）は、ビジネスモデルを危険にさらす。新製品や新たな市場での素晴らしい冒険は、曖昧な投資収益率《ROI》の計算式によって正当化されることが多いが、この計算式は、利点ばかりを強調し、リスクを軽視するものだ。そのリスクには、より緊急性の高い優先事項から注意が逸れることによって生じるコストも含まれる。こう

いった正当化には、それ以外の魅力的な考えが伴うこともある。揺らぎの要素：論理

4. 中間管理職の孤立

私たちが組織の「どんより中年層」と呼ぶマネジャーたちは、会社の現実とその意欲とのあいだに実際どれほどの距離があるかを知る唯一の人たちだ。成功するためにどれほどの努力が必要とされるかを知り、その道のりにおける真の危険を理解し、概して、その過程で失うものがもっとも多い（そして、得るものはもっとも少ない）人たちだ。それなのに、大きな変化がもたらされるなかで、こうした中間管理職の人たちの能力は解き放たれることなく、最前線に立つ人たちを鼓舞して上層部からの承認を得ることに重点的に取り組んでいるリーダーシップチームからその存在を見落とされがちである。

揺らぎの要素：共感

5. 従業員の時間に対する軽い扱い

あなたは従業員の時間をもっとも戦略的な資産と考えているだろうか？　これは、リーダーシップについての熟考を促す私たちお気に入りの質問で、これからも何度も出てくるはずだ。あまりにも多くの組織が、使いづらい人事ソフトウェアに始まり、昔懐かしい仕事観に浸るために全員出社させることまで、ありとあらゆる形であまりにも無

頓着に従業員の時間を無駄にしすぎている。その機会費用は計り知れない。

揺らぎの要素：共感

6. 副次的な損害への無頓着さ

これは、「素早く動いて破壊せよ」でいう「破壊せよ」の考えかたで、組織の文化の一部となることもある。予期せぬ損害に対する感度の低下という形で現れ、「最善は尽くしたのだ」という筋書きによって正当化されることが多い。ビジネスのある部分にかけては、このような姿勢を決して認めようとしない組織（「財務データの保護に最善を尽くしました！」）は、ユーザーや従業員に損害を与えないよう努力していることへの評価を求めがちだ。揺らぎの要素：共感

7. 「日曜日の恐怖」発生率の高さ

もしかなりの割合の従業員が、出勤することを考えただけで差し迫った恐怖感を覚えているようなら、会社と従業員との関係は、壊れているとまではいかないにしても、どこかぎくしゃくしているはずだ。その原因は、経験の浅い（あるいは、まるでない）マネジャーにある場合もあるが、従業員がより大きな規模でこのような出勤前の不安を抱えているのであれば、そこには組織レベルで解決すべき課題があるといえる。水曜日の

章へと飛んでほしい。恐怖感の真の代償について知ることができるはずだ。（ネタバレ注意：従業員が会社にとってどれほどの力となりうるのかについて、知れるのはほんの一部にすぎない）揺らぎの要素：共感

8. 役員会での耳ざわりのいい発言

このパターンは基本的に、相手が聞きたがっているだろうことを伝えたくなる人間の衝動からくるものだ。その相手が組織の、そして（あるいは）、仕事の将来に大きな影響を与えうる人物であるならなおさらだ。ここで問題にしているのは不正や虚偽のことではなく、現実を控えめに言ったり、耳ざわりのいいことばを選んだり、別のものにつくりかえたりする習慣のことである。これが信頼に与える影響は予想以上に大きい。聞き手は、適当なあしらいに敏感で、伝えられているのがごく一部の事実だと見抜ける人々だからだ。彼らが本当に聞きたがっているのは、会社の課題解決につながる情報であることを理解しておこう。揺らぎの要素：真正性

9. ずれに対する寛容さ

マーケティングチームの切った小切手を製品開発チームが現金化できない？　ビジネスのどの部分であれ、連携がとれていないのは問題だが、組織レベルの断絶には特に細

心の注意を払う必要がある（**若い読者へひとこと**：小切手とは、指定された小さな欄に必要事項が書き込まれた特別な紙片で、その券面額の現金に換えられるものだ）。私たちがよく目にするのは、戦略と文化のずれだ。例えば、枠からはみ出さないことを特徴とする文化をもちながら、イノベーション戦略を掲げているような場合である。

揺らぎの要素：真正性

10. 能力主義の妄想

さて、それはこんな場合だ。能力主義だと言いながら、同じタイプの人たちばかりを採用し、昇進させ、雇い続けている状態。組織のトップに立つ人たちが、それ以外の従業員、サービスを提供する顧客、あるいは運営するコミュニティのデモグラフィックとはかけ離れた人たちであるなら、それは確実に能力主義ではないと言える。

揺らぎの要素：真正性

ビジネスモデルの点検をしよう

なかには、現在の戦略や価値提案、製品と市場の適合、資金調達の仕組みなどでの課題が明るみに出た人もいるだろう。わかりやすくするために、これらをまとめて「ビジネスモデル」のカテゴリーに入れておく。ステークホルダーのニーズに応えられていない場合、それはビジネスモデルの「論理」のどこかに揺らぎがあるからだ。例えば、航空業界では今まさに信頼が崩れかけている。なぜなら、この業界の現在の価値提案の基本論理、すなわち、当てにならないサービスの対価として高額な航空券料金を提示するという論理は、われわれ消費者にはまるで理解できないものだからだ。

この「1日」の残りを使って（これにはいくらか時間がかかる可能性がある）「まずまずの計画」の修正に取り組もう。それから、厳密さと楽観主義をもってその計画を試し、より良いものにしよう。この作業のためのスローガンは、「新たな警告音を最大限に、時間を最小限に」だ。実際に、少なくとも今のところは、本書からいったん手を放し、この作業に取り掛かることをおすすめする。自分のビジネスモデルの実行可能性に対して十分な自信を取り戻したらまた戻ってきてほしい。そのときには、他の種類の課題を解決する余裕もあるはずだ。

すでに自信があるという人も、やはりいったん立ち止まって軽く点検してみよう。ウーバーの当初の信頼の課題は、様々なステークホルダー（従業員、ドライバー、規制当局）との関係に生じていた共感の揺らぎを解消することだったが、同社はまた、長期事業計画の「論理」、とりわけ黒字化への道筋を株主に納得させる必要もあった。（注8）ウーバーのような段階にある企業ならどこも、当然そういったことが疑問視されるだろうが、企業はそれらの疑問に答えを出していかなくてはならない。そのことをはっきり理解すると、ウーバーはすぐさま、もっとも守りやすい市場に重点を置いた論理主導の戦略を実行した。（注9）

　これこそ私たちがおすすめする取り組みかただ。当初の揺らぎがどこか別のところにあるとしても、自分のビジネスモデルの土台に論理のひびが入っていないか確認してほしい。あるチームから、主要な従業員層との信頼を再構築するための助力を依頼された際、そのチームが抱える信頼の課題は、より複雑なものであることがわかった。その企業は、たしかにある特定の従業員群からの信頼を失っていたのだが、何十年ものあいだ更新されていなかったその事業戦略にもまた欠陥があったのだ。売り上げにはむらがあり、株主は不安を感じていた。これらの課題に順番をつける――まずは従業員に「共感」を示し、それから株主への「論理」に対応する――のではなく、必要なのは、両方の課題に同時に取り組むことであり、それをこの企業は熱意をもって迅速におこなった。

　ここで、揺らぎの「相互作用」についてもお伝えしよう。ビジネスモデルの課題のように、株主とのあいだに揺らぎが生じると、とりわけ新興企業では、そちらに気を取られすぎて、従業員のニーズに注意を向けることが難しくなることがある。* 反対に、製品の副次的な損害に無頓着でいると、例えば、ユーザーがそれ以上我慢できなくなった場合に、戦略の論理が損なわれかねない。これらすべての関係性を解き明かす必要はないが、そういったことがありうるということは知っておこう（そして、1つ目の揺らぎを見つけてからも、好奇心を忘れないようにしよう）。

従業員のスキルを向上させよう

組織の論理が揺らぐ原因として、ある特定のステークホルダーのニーズに応えるためのスキルすべてを従業員が持ち合わせているわけではない場合がよくある。言い換えると、完遂されなければならない仕事と、その仕事のために編成したチームとのあいだに、「能力」のずれとでもいうべきものがあるのだ。[**] このずれは、組織のニーズが急速に変化している高成長企業でより多く見られるが、どんなビジネスでもその複雑さが急激に増している現在では、あらゆる企業で見られる。リーダーには、その事業のどこかに能力のずれがあることを前提

＊これに当てはまる場合、たとえ従業員が大勢いるにしても、その企業は本質的な人事スキルセットへの投資が不足しているということだ。

＊＊私たちは、同僚のライアン・ビュエルが構築したフレームワークを著書でよく利用する。このフレームワークは、「能力」に加え、「意欲」と「権限」のあいだのずれについてリーダーに熟考を促すものだ。例えば、チームに能力があったとしても、しっかりした報酬制度（意欲）、あるいははっきりした決定権（権限）といった、パフォーマンスを向上させるその他の重要な原動力が欠けていることもある。まずは、もっともよく見られる能力のずれから対処することをおすすめする。

にしてほしいと言っておこう。すべきことは、顧客がそれに気づき、競合他社がそれを利用しようとする前に見つけ出すことだ。

能力のずれを発見できたら、それを埋めるためにできる実験が3つある。1つ目は、従業員のスキルアップをはかる、2つ目は、彼らの働きかたを変える、3つ目は、「新たな」人材（そこまで新顔ばかりではないかもしれないが）を探すという実験だ。多くの組織ではあまり最初に選びたがらないとはいえ、まずは1つ目、またの名を「育成」から始めてみてほしい。うまくいけば、育成することで、予想を超えた進展がもたらされ、またその途中で、急速に学んで成長できた同僚たちからのより強い忠誠心、エンゲージメント、仕事への満足度を含めた、あらゆる類の喜ばしい恩恵ももたらされる。さあ、声に出して一緒に言ってみよう。「優秀な仲間たちは、日々さらなる優秀さを目指している」

人材への投資のみが無限の利益の可能性を秘めているというのに、彼らが組織の一員になったとたん、そんなことなど考えてもいなかったような態度をとりがちだ。フォーチュン誌による世界最大企業1000社の重役2600人を対象にした最近の調査では、自社での人材育成が不十分であると答えた人が75パーセントを超えていたという。(注10) ビジネスの機会と課題は増え続けているというのに、こういった高度な組織でさえも、自分たちのチームの学習曲線を不合理に平坦にしてしまうのだ。このようなやりかたは、これまでもあまり筋が通っているとは言えなかったが、市場が混乱し、技術が急進歩し、不確実性が急激に高まっている今この時代では、まるで理にかなっていない。変化の速さについていこうとするならば、その唯一の方法は、より早く適応して進化することだ。仕事の世界では、それは自分自身のスキル、そして、周りの人たちのスキルを伸ばし続けることである。

Ａｉｒｂｎｂ社の意欲的なデータ・ユニバーシティは、この信念に基づいてつくられた。同社では、データを「大規模なユーザーの声」と考えている。素晴らしい考えかただ。ビジネスのあらゆる機能についてその声を聴きたいと考えたＡｉｒｂｎｂは、まず論理の課題を解決しなくてはならなかった。データの扱いかたを熟知していたのは、小規模で高度な知識をもつ技術チームのみだったのだ。まるで政権公約のようにも思えるブログ記事（「Ａｉｒｂｎｂはいかにしてデータサイエンスを民主化するか」）のなかで、同社は「各部屋に１人データサイエンティストを配置するのは不可能な話だ――［ただそれでも］自社のスキルセットを増やす必要があった」と説明した。（注11）Ａｉｒｂｎｂは、その能力を高めるために人を雇うのではなく、専門技能をもたない従業員向けに、データへのアクセスのしかたやその解釈の方法、日々の意思決定にどのように生かすかを教えるための、多大な努力を要する30単位の履修過程を開始した。このプログラムが開始されて数か月以内に、同社の中心的なデータ・プラットフォームにアクセスした人の数は毎週数千人にのぼった。これは、全従業員のおよそ50パーセントにあたる。（注12）

これを次のように考えてみよう。年に１度の勤務評定がもはや時代遅れのものとなり、いまや業績についてのそれほど形式ばらない話し合いがより頻繁におこなわれているように、年に1度の人材育成計画を今こそ見直そう。少なくとも四半期ごとに、直属の部下とスキルをどう向上させていくかについて話し合うことをおすすめする。スキルアップのために今日何をするか？　明日はどうするのか？　なかには、こういった質問を初めて同僚たちに投げ掛けることが、「まずまずの計画」づくりの重要な山場となる人もいるだろう。

ありがたいことに、それらの質問に対する答えは、これまでになく安上がりで早く出ることもある。Ａｉｒｂｎｂのように、課題が能力の拡大だったり、ビジネスのある部分からまた別の部分へのスキルの応用だったりするのであれば、社内資源で解決できる可能性があるのだ。例えば、管理スキルのずれであれば、リーダーが互いから学び合うことのできるしっかりした指導教育プログラムや同僚によるコーチングプログラムで、そのずれを埋められるかもしれない。もし社内でそこまでできなくても、外部の幅広い研修教材は、デジタル配信と遠隔学習のおかげで、いまや低価格となり、なかには無料というものもある。*

育成は、かしこまった形（例えば、体系的な研修、管理職向けのコーチングプログラムなど）でも、くだけた形（例えば、業務範囲の拡大）でもいいということを心に留めておこう。とりわけ成長中、あるいは変化の激しい環境では、かしこまった形の育成はより効率的だ。手本を示して学ばせるというやりかたも素晴らしいのだが、大勢の人のスキルアップが必要な場合、あまり即効性はない。超高成長企業との仕事で学んだ教訓のひとつは、急ピッチで動いている組織には、とりわけマネジャー向けに、くだけた形で十分な育成をおこなう時間も余裕もほとんどないということだ。

そういった環境での私たちの主要な仕事は、リーダーの役割を任されたものの、どうやってうまくこなすかがまだわかっていない従業員を後押しするリーダーシップ教育だ。急成長中の組織は、マネジャーたちが直属の部下にひどい苦痛を与えるようになる前に必要なスキルを身につけてくれるよう、祈るのみになりがちだ。重役たちが、こうする以外に手がない、とにかくビジネスの進みが速すぎると主張するたびに、私たちは「それでうまくいきますか？」と尋ねる。人からそう訊かれるのを待っていてはいけない。自分の人材育成戦略はどれくらいうまくいっているだろうかと自分自身に、もっといいのは、従業員に問いかけてみることだ。その答えは、まったくもって不合理なものであるかもしれないのだ。

状況分析

従業員の育成にとことんまで、そして、継続的に投資する準備ができたら次へ進もう。

＊プロからの助言：私たちの同僚のディーパック・マルホトラは、この世でもっとも交渉力に優れた人物の一人で、その助言を無料でYouTubeにアップロードしている。必見だ。

働きかたを変えよう

なかには、組織の論理を最速で改善する方法は、働きかたを変えることだという人もいるだろう。これは、役割、責任、仕事の流れ、指揮命令系統、組織構造、そして（あるいは）意思決定を再構成するという、2つ目の実験のカテゴリーだ。個人レベルでは、ある従業員の職務設計を変更することが考えられる。そうすれば、彼らには課題を効率的に解決するための余力や許可がもたらされる。チームあるいは機能レベルでは、事業計画に人工知能を組み込んだり、活発な育成の実施に乗り出したりすることでもあるだろう。企業レベルでは、複数の業務を1か所に集約することで業務の効率を高めるシェアードサービスなどの新規部門の立ち上げや、週休3日制の試験的導入ということも考えられる。誰をあるいは何を変えるかではなく、どのように変えるかを考えよう。

働きかたを変えることは、自社という境界線の外にある資源との連携のしかたを変えることでもあるだろう。社外の人たちや組織が、より効果的にステークホルダーのニーズに応えるための力となってくれる可能性もあるのだ。これこそアップルが自社のアプリストア「アップストア」を外部開発者向けに開設した際におこなったことだ。顧客のためになるという論理への大胆な賭けだったが、閉鎖的な体質で有名な同社にとってはそう簡単なことではな

かった。（注13）

「アップストア」が開設される数年前、2000年代のはじめに、アップルの幹部チームと光栄にも話す機会があったフランシスは、その過程で、ある秘書から会議に先立ってスライドを送ってほしいと依頼された。高いデザイン水準で有名な同社の基準を満たすものであることを確認するためだ。忠実な読者の皆さんなら、その秘書がフランシスのスライドの出来に愕然としたと知っても驚かないだろう。それは、10年前のパワーポイントでもどうにか使えたであろう機能のみを使って作成された、猛烈に退屈な代物だった。* フランシスは実際に「このようなスライドを当社で上映することはできません」と言われている。当の本人はこのやりとりを喜び、講義の新たな焦点として、その冒頭を飾る見事な小話に仕立て上げた。閉鎖的な組織の戦略的リスクという小話だ。

言いたいのは、課題を組織的に解決する試みにも前向きであれということだ。自分が任されている、あるいは、少なくとも何かしらの影響を及ぼしている組織に、結果に対する責任を全面的、徹底的に負わせるのだ。最初の著書でこの挑戦について書いたとき、章のタイトルを「悪いのは従業員ではない」とした。（注14）そのなかで、電話相談サービスでの苛立たしい経験、多くの人が毎週のように遭遇する経験について述べた。相談窓口の腹立たしい担

＊それらのスライドがいまだに更新されていないことをお忘れなく。

当者は、おそらく最大8つの画面を同時に見ながら、文化も年齢も専門知識の習熟度も異なるあらゆる顧客からの、とてつもなく幅広い製品に関する様々なサービスニーズに対応しようと奮闘しているのだ。給与と研修への典型的な投資のありかたを考えれば、その担当者は、コミュニケーション能力は高いが技術的な問題解決能力は持ち合わせていないか、有能な技術者ではあるが対人能力に限りがあるかのどちらかだろう。どちらにしても、あまり助けにはならない。

ここでの業務失敗の「悪者」は、当然のことながら、仕事量に圧倒されている訓練不足の担当者ではない。悪いのは、この従業員が放り込まれたシステム、失敗するようにつくられたシステムである。私たちが好んで引用するのは、元退役軍人省長官のロバート・マクドナルドがしばしば口にした、「組織は望む結果を得られるように完璧に設計されている……結果が気に入らないのであれば、設計を変更する必要がある」ということばだ。プロクター・アンド・ギャンブル（P&G）社に30年以上勤務し、最終的にはCEO兼会長を務めた兵役経験者であるマクドナルドは、肥大化し、変化を好まない退役軍人省で、素早く動いて事態を改善できるよう、課題解決へ向けて総体的な取り組みをおこなった。従業員のせいにするのではなく、彼らが働く環境に全面的、徹底的に責任を負わせたのだ。（注15）

課題の解決策は、より良い人材を探すこと（これについてはこの先で触れる）、あるいは今いる従業員がとにかくより一層努力すること（これについてもこの先で触れる）だと頭の片隅ででも考えているようなら、その不信感をいったん拭い去ろう。ひとまず従業員を解釈の要素から外し、課題の原因となっている可能性のある、組織のその他のあらゆる部分について解釈を試みてみよう。調査にかかる際、自分が、組織の歴史のまた別の時期向けに、あるいは、まったく別の組織向けに考案され、今も受け継がれる労働の規範、構造、役割分担に従ってその調査をおこなっている可能性があることを考慮に入れておこう。ルールに縛られないこと。例えば、安定したチームでなくてはならないとか、CEOは1人だけだとか、現場の作業者はその上司より決定権がないとかいったルールはないのだ。

旧来型の書店、バーンズ・アンド・ノーブルは最近、店長にそれぞれの店舗に合った顧客サービスや書籍の選定をおこなう許可を与えるという、大型小売店にしてはなかなかに過激な方法で、再びアマゾンに対抗する足掛かりをつかんだ。CEOのジェームズ・ドーントは、「私が功績を独り占めしてしまっていますが、実際にやっていることといえば、従業員の邪魔をせず、まともな書店経営を彼らに任せているだけのことです」と述べている。(注16)ドーントのような懐疑的なまなざしを、組織がおこなってきたあらゆる経営上の選択に進んで向けてみよう。たとえそれらの選択にどれほど時間がかかっていようと、何社もの競合他社が同じことをおこなっていようとだ。

新たな働きかたには肩書すら必要ない。それは、ビジネスにおいても理にかなったことだ。高い評価を受ける人事プラットフォームを提供しているGusto社は、仕事の肩書に代えて職能を記述するという実験をおこなった。当時同社の従業員を率いていたジェシカ・ヒュエンは、その決定について次のように説明している。「社内で何度も議論を重ねました。職務に上級だとか下級だとかを付ける意味などあるだろうか？　現段階でバックエンドとフロントエンドの開発者を区別する必要などあるだろうか？　といった具合に」（注17）

この変化への反応は、幅広い人材からの応募という形で表れた。ヒュエンは、「採用責任者は、素晴らしい人たち、それまでは肩書のせいで挑戦をためらい、応募しようとしなかった人たちに出会っています」と述べている。（注18）しかし、より興味深いのは、その変化が文化に及ぼした影響だった。「肩書をなくしたことで、皆が心理的なレベルで影響を受けました。今では、上級カスタマーケア推進担当者の○○ではなく、単にケアチームの一員です。ことばのそのわずかな変化は、当社が成し遂げようとしていることの本質にある協調性を表したものだと言えます」ともヒュエンは述べている。ヒュエンに学ぼう。「まずまずの計画」を発展させているこの段階では、あなたにはあらゆることに疑問をもつ資格があるのだ。

状況分析

結果に対する責任を組織の設計に負わせようという気になったら次へ進もう。

「新たな」人材を見いだそう

信頼をもたらす3つ目の重要な方法は、課題解決のためのスキルをもつ人たちを新たに見つけることだ。まずは身近なところから探してみよう。外部で人材を探す前に、チーム内にその役割を任せられそうな人がいないかしっかり確認しよう。リンクトイン社のCEO、ライアン・ロスランスキーが最近述べたように「次に選ぶべき最高の従業員は、現在の従業員である可能性がもっとも高い」（注19）のだ。

これはあなたの計画の一部で、私たちが「昇進」の実験と呼んでいるものだ。この実験には、能力に応じた流動性を社内で高めるための新たなアイデアすべてが含まれる。昇進は、信頼性のある論理的手段であり、外部から採用するよりも良い結果をもたらす。外部から採用すると、たいていの場合、仕事のパフォーマンスは低く、早々に辞められ、よりコストがかかる。（注20）昇進はまた、従業員が不可欠なステークホルダーであることが皆に伝わるため、強い共感を示すことにもなる。従業員は「この会社は自分たちの重要性を認め、それに応じて評価してくれる」と感じるのだ。

昇進に長けた企業は、うまく機能する社内人材市場をもつものだが、これを成し遂げるのはそう簡単なことではない。厳格で透明性の高い社内募集と選考のプロセスについて考えよう。たとえ本人がその場にいなくとも、誰もが互いを支持し合うような支え合いの文化について考えよう。従業員が自分たちの業績を認めるよう陳情したり、外部から声が掛かっていると圧力をかけたりすることなく、会社への貢献度を高めていくにしたがって徐々に正当な報酬を受け取れるような積極的な報酬制度について考えよう。現在の従業員を過小評価して最低限の給与を払っておきながら、最大限の報酬を出して経歴豊かな外部の人材を採用することなど考えてはいけない。巧妙な駆け引きのできる人だけがチャンスを手に入れられるような文化のことなど考えてはいけない。募集をかける前から事実上埋まっている職（つまりは、実質的にはすでに採用される人が決まっている状態での人材募集*）のことなど考えてはいけない。ちなみに、企業は通常この行動がどれほどの不信を生み、このいんちき採用劇場の出演者にさせられた格好の応募者がどれほどの虚脱感を覚えるかにほとんど注意を払っていない。

たとえ誠意をもって社内募集をかけたとしても、採用プロセスによっては、信頼を築くよりも損なうことになるリスクもある。このリスクを低減する方法のひとつは、志望者に対してなぜ採用されなかったのか、しっかりとしたフィードバックをおこなうことだ。フレゼニウス・メディカル・ケア社のDEI統括責任者、ミグノン・アーリーは、社内の志望者への不採用通告――あらゆる組織にとってつらい瞬間――を学習機会へと変化させるための試験的な計画を策定した際、まさにそれをおこなった。アーリーが設けようとしていた新たな職務のために募集をかけたところ、3名の枠に対して60名の社内応募があり、その多くが、心躍る考えかたとスキルをその任務にもたらしうる人たちだった。採用チームは、採用を見送った志望者全員に会って、不採用となった理由を説明し、仕事上の目標やキャリアアップ計画、社内で空きのある別の職務への興味の有無について話し合った。

この試験的な計画を振り返って、アーリーは「私たちの決定によって副次的な影響が出ることを覚悟していましたが、結果として、数々の素晴らしい人たちと、その未来や仕事上の目標についてじっくり対話することができたのです」と話してくれた。そのうちの何人かは、最終的にアーリーのチームの担当大使となった。「彼らの経験は結果的に有意義なものとなりましたし、私たちがこの部署で何をなそうとしているのかもよく理解してくれました」アーリーの試験的な計画は、採用や昇進の場で絶えず起こっている機会の損失を浮き彫りにしている。採用となるより不採用となる人のほうが圧倒的に多く、その多くは組織の生態系の重要な一部として留まることになる。にもかかわらず、企業はその不採用にかかわる手順や伝えかたについて考えることにほとんど時間をかけていない。**

＊経験上、これがあからさまに、あるいは詐欺まがいの方法で起こることはめったにないが、その行動によって生じる文化的コストは同等である。

＊＊この機会の損失に関する同様のアルゴリズムを、初期段階の投資や会員組織、一定期間内に昇給できなければ解雇という文化でしばしば目にする。

昇進がうまくおこなわれれば、非常に厄介な「今後に期待」ラベルを貼り付けて同僚の能力を見過ごすこともなくなる。コメディアンで女優のティファニー・ハディッシュは「準備は万全（She Ready）」を仕事上の掛け声にし、自身の制作会社と財団の名前にもこのことばを用いている。世界有数の舞台で観客を虜にする力があったにもかかわらず、ハディッシュの才能は、そのキャリアの様々な時点で見過ごされてきた。（注21）人材に関する会議中、私たちの頭のなかにはハディッシュの声がよく響く。その声で、誰かをすぐに選考対象から外さないこと、「ゴールデンタイムに出すにはまだ早い」と不用意に決めつけないこと、と自分たちを戒めるのだ。会議室で、他の人が気づいていない対象者の能力に気づくと、それぞれがハディッシュの例のことばを口にするということが何度もあった。

社内で誰かを昇進させることなど本当にできないのだと思い込んでいる人もいるかもしれないが、くれぐれも十分に厳密に評価した上で判断を下そう。ストライプ社の元COO（そして、現在の執行役員兼顧問）のクレア・ヒューズ・ジョンソンは、人材を外部に求める決定をする前に、5段階の意思決定マトリックス、組織内への試験的な導入が切に待たれていた手段を用いている。状況を説明すると、ヒューズ・ジョンソンはストライプの成長を後押しし、200人を下回る従業員数を6000人以上へと、さらには、数百万ドルの収益を数十億ドルへと増大した。素早く動き、かつ信頼を構築するという姿勢で臨んでいた在職期間中の様々な時点で、ヒューズ・ジョンソンは事業運営、販売、マーケティング、顧客サポート、リスク管理、ストライプのあらゆる人事管理を率いた。あなたが今週取り組んでいる課題が何であれ、ヒューズ・ジョンソンはそれに似た課題をきっと解決しているだろう。社内の人材を昇進させるかどうかを判断する上で、彼女がリーダーたちに熟考を促した質問のひとつに、「自分、あるいは社内の他の人たちで、今後6か月以内にこの人物が責務を果たせるように育成、支援することができるだろうか？」というものがある。質問への答えが一貫して「ノー」だった場合にのみ、ヒューズ・ジョンソンの「わかりました！　外部採用しましょう」というお墨付きがもらえる。

　外部人材の募集はまた違った業務プロセスとなるが、今こそ試すときだ。外部人材募集の目的は、まだ知らない人たち、つまり、新たな人脈や影響、人生経験を会社にもたらしてくれる人たちをうまく採用できるようになることである（この課題については明日詳しく説明する）。採用のマンネリ化から抜け出すためにストライプがおこなったある実験は、「旗取りゲーム《キャプチャー・ザ・フラッグ》」と呼ばれるコンピュータセキュリティのコンテストで、業界で一大旋風を巻き起こし、まだ知らなかった非常に有能な開発者たちの目に留まった。初開催のそのイベントには、個性豊かな参加者が１２０００人集まり、そのうち２５０人が隠された答えとなる「フラッグ」を見つけ出した。１２０００人の参加者は、いずれも人という形で訪れた新たな警告音であり、そのうちの２５０人は、採用人数を増やしていた同社にとって高い価値をもつ対象者となったのだ。（注22）

状況分析

欠けている能力が何か、そして、その能力を手に入れるには外部採用する以外にないのかどうかがわかったら次へ進もう。

難しい人事的決断をおこなおう

過去10年間、私たちは、その多くが困難な状況にあった数々の上級幹部と仕事をしてきた。後悔という感情を目にすることはめったにないのだが、それが表れるときは、ほとんど常に、もはやその企業には合わない人をもっと早くに辞めさせなかったことへの後悔である。この節では、賢明な実験をおこなう話は控えめにし、障壁を乗り越えて賢明な行動を起こす話をしていこう。これまでに助言をおこなったほぼすべての企業において、リーダーがためらいを覚える難しい人事的決断があった。火曜日は、ついにその決断を下すことになる日だ。

従業員と穏やかに決別する能力は、リーダーシップの戦術的スキルのなかでも重要なものだ。『世界最高のリーダーシップ』では、解雇される人の尊厳を守りつつ、退職手当から話し合いのタイミングや場所にいたるまで、すべてをどのようにおこなうべきかのアドバイスを述べている。（注23）解雇された従業員をまるで犯罪者扱いするようなやりかたがどういうわけか慣例となっているが、肩をもつと自分の身が危ないからといって、出ていく彼らに屈辱を与えていいことにはならないと指摘しておく。尊厳を守り、屈辱を与えないことは、解雇される人に対して共感を示す行為であるが、自分が目を光らせているあいだは、非人間的な扱いを受ける人は誰一人いないということを他の人たち全員に伝えることにもなる。

解雇の際、ビジネスニーズを明確に伝え（論理）、何であれ設定したパフォーマンス水準を守り（真正性）、非生産的な行為を容認しない（共感）ことによって、企業レベルでの信頼が築かれることもある。しかし、解雇の決断、そして、不器用な解雇のやりかたによって、多くの場合、信頼は築かれるよりも損なわれることになる。例えば、一時解雇のやりかたがひどい、そして（あるいは）、ひどく意欲をそぐものだった場合、それが上級幹部の目標達成に役立つことはめったにないということが研究で明らかになっている。事態は進展したかのように思えるかもしれないが、直観に反して、一時解雇は収益性を含む主要指標の足を引っ張ることもある。なかでも特に大きな要因として、仕事への満足度の低下と、特に優秀な人たちも含め、残った従業員の離職率の上昇が挙げられる。（注24）

こう書いているあいだにも、テック業界が、このいちかばちかの力学について強烈な学びの機会を世界に提供している。この業界は、コロナ禍による需要ピークで大量採用をおこない、現在は一時解雇の波に乗っている。こういった決断の多くは株主にとっては理にかなったものに思えるようで、市場は従業員を解雇する企業を高い株価で報いている。しかし、一時解雇についての研究結果を考えると、そういった決断のいくつかがもたらす影響について懐疑的にならざるを得ない。経験から言って、「加速する卓越性」への道に、一時解雇通知が散乱していることはないのだ。

一時解雇は、より大きな改革戦略にどう適合するのだろうか？　それらは、この企業を現在の課題から未来の成功へとどう結び付けていくのだろうか？　これらはまた、特に優秀な従業員、その未来を実現するために残ってもらわなければならない従業員たちからも尋ねられることになる質問だ。木曜日に、改革の物語を語る重要性と仕組みについて取り上げるが、その予告として、具体的な降格は企業の重大な決定であること、誰もがそれをおこなっている現在のようなときであっても、その決定には物語が必要であることを伝えておく。

最後に、文化的に、あるいは他の形で被害を及ぼしている従業員の解雇について何点か。まずは、自分の分析に間違いがないかしっかり確認しよう。一緒に仕事をしたあるチームは、その企業の比較的狭い衝突回避の行動規範から逸脱しているという理由で、新入りの従業員（仮にアニタとしておこう）に「有害だ」というレッテルを早々に貼っていた。しかし、この企業にとって、進むべき道筋のこの時点において最善の方法は、新たな同僚に職場での態度を変えさせることではなく、議論好きで負けず嫌いのアニタのエネルギーを採り入れることだった。

真の危害の判断に確信がもてたら、すぐに動こう。私たちはよく言うのだが、組織の改革によって、良い人間の悪いふるまいを正すことはできても、悪い人間の悪いふるまい、つまり、悪意や差別、不正を伴う行動パターンが確立している従業員を正すことはできない。後者の場合の唯一正当な選択肢は、そのような従業員に企業から去ってもらうことである。経験上、組織内に大勢存在することはないが、そのような人たちは、個人、チーム、組織に非常に大きな害を及ぼす可能性がある。

誤解のないように言っておくが、誰もが更生する可能性を認めていないわけではない。ただし、ある人のふるまいによって大きな人的、文化的代償が生じているのであれば、あなたの目の前でその人が更生するのを待つ必要はない。他者に対する非人間的な行為には、最低でもその人たちのそばにいる権利を失うという報いがある。繰り返しになるが、解雇の必要がある人を決定するときには、適切で公正かつ透明なプロセスに加え、そのプロセスがもたらす結果に対する組織的な確信が必要となる。正義を振りかざして無理やりおこなっても誰のためにもならないのだ。

状況分析

解雇すべき人がはっきりしたら、また、それにより信頼を損なうのではなく築けるような解雇の方法がわかったら次へ進もう。

他の人たちのことも大切にしよう

企業の揺らぎで最近もっともよく目にするのが共感の揺らぎだ。不安が前進すると、共感は後退しがちだ。しかも、このように不安な時代である。自分の心のなかのパーツ（どうも、ディックおじさん！）が、生き延びるのを脅かすものがあると叫んでいるときに、他の人たちに意識を向けるのは難しい（ちなみに、そういった脅威の評価が必ずしも間違っているわけではない。ただ、それに振り回されていると、成功にはつながらない）。

この節をこの章の終わりのほうにもってきた理由は、共感の揺らぎはしばしば、憤慨した顧客や不満を抱いた従業員が、その企業に失望するに至ったあらゆる点を指摘するという形で、怒りを込めて示される傾向があるからだ。そういった声には当然対応が必要だが、その怒りによって、企業の共感の揺らぎの根本原因であるかもしれないその他の問題が見えづらくなることもある。望む結果を得られるように組織が完璧に設計されているのであれば、組織的な何かが先ほどのステークホルダーのニーズに対応するのを妨げている可能性がある。

少なくとも、組織的な何かが解決の一部となるだろうから、運営上の強みと弱み、特にそれが人に関することであれば全員の強みと弱みを深く理解した上で、「まずまずの計画」のこの部分を見直してみてほしい。ある病院組織と仕事をしたことがあるのだが、そこでは外部の医師が二級市民扱いされることにうんざりしていた。彼らは患者の治療にあたるチームにとって不可欠な存在であったにもかかわらず、患者の全カルテといった基本ツールの利用が制限されていたのだ。解決へ向けて、まずはこのような医師に関するこの組織の思い込みに疑問を投げかけてみた。思い込みのなかには、雇われ医師である彼らは、使命よりも金に重きを置いているだろうという誤った憶測もあった（実際には、ほとんどの医師が、医院の開業を目指す、やる気にあふれた起業家精神旺盛な人たちだった）。しかし、この組織はそういった固定観念からは速やかに離れ、非常に実際的な試験的解決法へとすぐに移行した。開放的なＩＴシステム、手続きの簡単な来院者用バッジ、荷物置き場、院内にいるあいだの電話応対など、いずれもより礼儀にかなった運営というカテゴリーに入る試験的解決法だ。これらの修正によって、チームの人間関係力学は劇的に変わった。

最初に論理を介入させたのは、あなたの揺らぎへの応答時間を短縮できるようにするためだ。共感が広まると、過小評価されているどのステークホルダーのニーズにも応えられる能力が高まることが多い。ウーバーが従業員、運転手、乗客に対する共感の揺らぎの解消に乗り出したときには、まず自社の価値観を見直し、続いて、自分たちだけが前に進めればそれでいいと考えているわけではないというメッセージ、「われわれは正しいことをする、以上」を打ち出して共感を明確に示すという賢明な実験をおこなった。ただし、その他のアイデアについては、運転手への新たなチップ機能、乗客への新たな安全機能、より良い採用プロセ

スへの投資など、論理の側面から生まれたものだ。(注25)

たとえ月曜日の行動の繰り返しになるとしても、この組織は自分たちのことしか考えていないと決めつけている人たちと直接話をしよう。課題という土台についても、解決法の候補という建造物についても、彼らの考えかたを理解できるよう努めよう。ステークホルダーが求めているものは明らかだからといって、この段階を飛ばしたくなる気持ちは抑えよう。活動家で女性解放運動のアイコン的存在でもあるグロリア・スタイネムは、スミス大学で地質学を専攻するやる気のない学生だったころに出くわしたカメの話をよくする。講義に出席せずコネチカット川のほとりを歩いていたスタイネムは、川から遠く離れて戸惑った様子のカメが、生息地である水の中へ戻ろうと懸命に歩んでいるのを見かけた（話はここからが面白くなってくる）。「そのカメを水にそっと入れて、泳ぎ去っていくのを見ていたら、後ろから地質学の教授がやってきて「ねえ、あのカメはきっと1か月かけて泥道をはい上がり、道路脇のぬかるみに卵を産もうとしたんだよ」と静かに言ったの」スタイネムは当然のことながらひどく後悔したが、それをリーダーシップの教訓として理解したのは、世界的な改革者への道を歩み始めてからのことだった。「それから何年もかかって、やっとこの経験が、組織づくりで何より大切なことを教えてくれていると気づいたの。常にカメに尋ねよ、ってことをね」(注26)

共感に長けた企業は、自社の「カメたち」（ステークホルダーと解釈されたし）と活発な対話をおこなっており、揺らぎ検知システムが整っていることが多い。チョバーニ社の創業者でCEOのハムディ・ウルカヤは、経営面でも文化面でも、顧客をビジネスの中心に据えることによって世界的なヨーグルト帝国を築いた。企業の草創期にウルカヤがおこなったある実験は、ヨーグルトの容器に自分の電話番号を記載することだった。そうすれば、顧客からの意見を直接聴けるからだ。（注27）とはいえ、共感に違いが生まれるのは、その先だ。ウルカヤが大きな成功を収めたのは、電話が鳴ると、かけてきた相手の話にしっかりと耳を傾けたからだ。

状況分析

自分たちは組織から真に大切にはされていないと感じているステークホルダーが特定できたら次へ進もう。

有言実行しよう

2022年、アウトドア用衣類ブランド、パタゴニアが「いまや地球が私たちの唯一の株主だ」と宣言した。この声明の意味するところは、創業者のイヴォン・シュイナードが、同社の所有権を2つの新たな組織（1つはトラスト、もう1つは非営利団体）に正式に譲渡したということである。２つの組織が共有する存在理由《レーゾンデートル》は、環境危機と積極的に闘うことだ。この実験的な新組織において、事業に再投資されない余剰利益のすべて――推定で年間約1億ドル――は、地球を直接的に守る組織や活動への資金として使われることになる。シュイナードは、「自然から価値あるものを搾り取ってそれを富に変えるのではなく、パタゴニアが生み出した富をその源を守るために使用します……私は本気でこの地球を守ります」（注28）と述べている。

シュイナードはその本気度を明らかにする必要などなかった。世間はすでに知っていたのだから。パタゴニアは、アメリカのビジネスでもっとも信頼されるブランドとして常に上位に入っている。（注29）この企業がこれほど抜きんでることになったのは、その価値観が広く共有されていたからではなく、それらの価値観が、ビジネスとしての大胆な決断とほぼ40年にわたって揺るぎなく連携してきたからである。今では年間10億ドルを超える売上高を生み出しているこの企業は、１９８５年から毎年、全収益の１パーセントを環境保護団体に寄付している。リサイクル素材を使うことも、労働者の権利を守ることも、生産工程における環境への影響を減らすことも、たいてい最初に、そして最良の形でおこなってきた。店舗やオフィスは定期的に閉まった。従業員が仕事よりも、選挙期日に投票することなど、地球の運命にとってより重要なことをできるようにするためだ。同社は、公有地の悪用を理由にアメリカ政府を訴えてまでいる。（注30）

ことばと行動にずれがないパタゴニアは、私たちが知るかぎり、大規模な「真正性」をもっともよく示している企業のひとつである。そう、たしかに同社は、「論理」に徹底して立ち向かい（右上がりの収入曲線を見よ）、顧客、従業員、サプライヤーに対して深い「共感」を示して（とことん潔い返品処理を見よ）いるが、消費者がパタゴニアに並外れた信頼を寄せる理由は、環境保護に関して確実に有言実行しようとするその姿勢にある。この企業は、とにかく裏表がなく、口にしたことをおこなう。そういう企業だ。

シュイナードのことを心に留め、自分の組織の真正性の揺らぎを見つけ出し、それらの解消を「まずまずの計画」に盛り込もう。(注31) 真正性の揺らぎは、実際にステークホルダーに約束したことと、それを十分に果たす能力（意欲と解釈されたし）とが連携していないという形で表れることが多い。SNS企業は、パタゴニアが上位に入るランキングで下位となることが多い。なぜなら、この業界には、何かを声高に主張したかと思うと、まったく別のことをするというパターンがあり、ルールはすべてのユーザーに適用されると断言しておきながら、知名度の高いユーザーの違反行為を容認していたりするのだ。(注32) しかし、こういった連携の乱れは、例えばマーケティングチームが製品を大げさにアピールするといった形でさりげなく表れることもある。これらは、コミュニケーション不足や衝突回避といったありふれた組織的な問題に由来することが多い。

私たちは仕事でよく「ハンロンの剃刀」について考える。ハンロンの剃刀とは、「怠慢で十分に説明のつくことを悪意のせいにしてはならない（訳注：怠慢さゆえに起こったことに対し、悪意があったのだと解釈してはいけないということ）」という考えかただ。*この格言を引き合いに出すときに、「怠慢」ということばを「無能」や「愚かさ」に置き換える人もいるが、どちらもいたずらに批判的なことばだ。経験から言って、「怠慢」が編集上適切な選択である。なぜなら、ほとんどの企業の真正性の揺らぎは、プロセスの崩壊、あるいはビジネスの異なる部分同士のお粗末な組みあわせで説明がつくからだ。ただ、誰も悪意をもってはいなかったとしても、懐疑的なステークホルダーはそうは見てくれない。

　問題は、真正性の揺らぎの影響を受ける側は、とにかく不愉快になるということだ。最近、ユナイテッド航空が、乗客の機内預け入れ荷物を紛失したことでニュースになった。この賢明な乗客は、まさしくこういった状況に陥ってももどかしい思いをしなくて済むよう、防衛策として荷物のなかにアップル社の紛失防止タグ《エアタグ》を入れていた。そのため、「当社は万事適切に処理している」と断言する航空会社の担当者から誤った情報を伝えられていることがわかっていた。航空会社側が苛立つ乗客をなだめようとするあいだも、本人はリアルタイムで自分の荷物がマクドナルドやら、郊外のショッピングセンターやら、どこぞのアパートやらへと運ばれていくのを追跡していた。（注33）

　自身の苦難についてツイッターに綴っていたこの乗客は、業を煮やして、ついに「ユナイテッド航空が私の荷物をなくしておきながら、それをごまかそうとしてるってことを皆に知ってもらいたくて」と投稿した。最終的に荷物は戻ってきたのだが、陰謀とも思えるようなネタは視聴率がとれるとあって、2つのテレビ局の取材班が、例のどこぞのアパートへとやってきて、結果、そのニュースを追っていた誰もが、ユナイテッド航空を信頼することはできなさそうだと感じることになった。一方で、このサービスの失策は、より良い通信システムとより積極的なサプライヤー管理によって、おそらく防げていただろう。業務プロセスには、しばしばより積極的な実験が求められることが多い。ユナイテッド航空はこの出来事に関する声明のなかで「荷物配達業者が提供したサービスは、当社の基準を満たすものではない」と述べている。この仕事に長いこと携わってきた私たちには、同社の基準が満たされなかったのは今回が初めてというわけではないだろうことがわかる。

やってきた取材班に、この集団は言っていることとやっていることが違うと暴かれるのを待っていてはいけない。あらゆるものを総動員して真正性の揺らぎを見つけ、それらを容認しようとする姿勢が明らかな組織の文化を変える試験的な方法も含めて、揺らぎを解消するための賢明な実験をおこなおう。明日は、個々の真正性の空間を生み出すこと、またの名を

＊ことば遊び以上に面白い趣味をお持ちの読者へ：「剃刀」とは、人間行動の理論を説明する哲学用語である。ここで挙げたこの剃刀は、ペンシルベニア州スクラントンに住むロバート・ハンロンという名前の男性に由来するものだが、ハインラインという名前の別の人もまた、この表現を数十年前に用いていたとされている。私たちはハンロン説を全面的に信じている。

インクルージョンについて語るが、今は、組織の真正性を破綻させる構造を改めることを優先しよう。この企業は、思うことを言い、そのことばどおりにするのだという姿勢を示そう。

最後に、今日の進展を祝おう。私たちの提案のほんの一部であってもやり終えたなら、「まずまずの計画」は、今では「より良い計画」になっているはずだ。必要なものリストに入っていたあの大人向け飲料を覚えているだろうか？　私たちからの祝福を受けてそれらを取り出し、ジム・クックの英知に思いを馳せよう。クックは、ボストン・ビール・カンパニーの伝説的な共同創業者兼会長で、アメリカのクラフトビール・ブームの火付け役として広く知られる（今あなたが手にしている飲料が、クックの生み出したものである可能性は高いだろう）。クックに会社の飛躍的な成長について尋ねると、「適切な失敗は、十分に受け入れられるものとみなしていたんだ」という答えが返ってきた。火曜日の作業は、この考えかたを受け入れて、進めていくなかでどれだけの信頼を築けるかを確かめることだ。

状況分析

信頼の課題を解決できたら次へ進もう。

第3章 水曜日

新たな友人をつくろう

今週どんな課題に取り組んでいるにせよ、常に自分と同じように考えるわけではない人たち、つまり、この世界で生きるなかで、異なる視点、異なる考えかた、異なる経験をもつ人たちと一緒におこなうほうが、よりうまく解決できるはずだ。その話はもう聞いたよとお思いだろうが、今日はそれを実行する日だ。水曜日は、チームの人間性を存分に活用して「より良い計画」を改良していこう。今日のテーマは「インクルージョン」だ。

インクルージョンは、複雑で多面的な人間として一人一人が違っているにもかかわらず、ではなく、まさに違っているからこそ、周りの人たちそれぞれが成功できるような状況を生み出す行為だ。これは組織の信頼への究極の投資となる。なぜなら、信頼の3つの要素すべてを一度に強化することになるからだ。チームのメンバーが個々の違いを職場にもたらせば、チームは徹底した論理と深い共感、高い真正性をもってステークホルダーのニーズにより応えられるようになり、昨日取り上げたような信頼の揺らぎが生じる余地はより少なくなる。

凡ミスの後始末を長々と時間をかけて大回りしておこなうことはなくなるのだ。インクルージョンは、あらゆることをより早く、より良くおこなうことを可能にする信頼の弾み車（訳注：機械の回転軸に取り付けられた大きい車で、回転を滑らかにするもの）を生み出すのだ。

ＤＥＩに関する議論で次々に発生する様々な意見や考えのなかで、これこそがときに勘違いされやすい部分なのだが、インクルージョンは勝利に貢献してくれるのだ。* 見返りは他にもあるが、インクルージョンを取り入れると人はより賢く、より革新的になり、収益性もより高まる。インクルージョンを取り入れると、知識を皆で共有するようになり、競争環境をよりはっきりと見られるようになる。インクルージョンはこれらすべてを（さらにそれ以上のものを！）もたらすのだ。新たな人材を大量に採用せずとも、高価な技術に投資せずともいいのである（「インクルージョンの競争優位についての心躍る10の発見」を参照のこと）。どんな組織的な改善をもくろんでいるにせよ、いずれもこのような利益の足元にも及ばない。だからこそ、たとえあなたがこれを緊急課題とはみなしていなかったとしても、このテーマに丸々「1日」を費やすのだ。「構築マップ」のどこに向かっているにせよ、インクルージョ

＊インクルージョンへの投資は、倫理的に必要なものとして十分に正当化できるという説得力のある主張もあった。私たちの見解は現実的かつ大局的なもので、その主張が持続可能な組織文化の改革の妨げとなっているのを目にしたという経験に根ざしている。インクルージョンが、競争力のある資産としての十分な価値を考慮に入れられず、単に道徳的に良いものとみなされた場合、組織からは十分な資源と関心を得られないことが多い。

ンによって、その目的地へと一気に距離を縮めることになるだろう。
だからといって、インクルージョンは簡単に成し遂げられるものではない。これもまた、ときに勘違いされやすい部分なのだが、インクルーシブな組織をつくるには努力を要するという不都合な真実があるのだ。多様な人々をかき集めてきて、うまくいくことを期待するというやりかたではだめだ。* 実のところ、これでは事態はより悪化する。多様性のあるチームは、まずはそのチームをインクルーシブな状態にする作業をおこなわなければ、同質のチームのパフォーマンスには確実に及ばない（その理由については次の節で取り上げる）。これが悪い知らせだ。いい知らせは、その作業をおこなえば、インクルーシブなチームは他の皆を、専門用語で言うと、「こてんぱんにやっつける」ようになる。短期的に見れば進みはゆっくりだが、時間と共にその遅れを取り戻し、一貫してより良い結果を出すようになるのだ。(注1)
GEアプライアンスのCEOであるケヴィン・ノーランは、インクルージョンで競い、勝利できる会社を立ち上げるための自身の活動を振り返って次のように述べている。「ダイバーシティは居心地が悪い。極楽のようになるなんて考えが企業研修では受け入れられているようだが、そうはならない。より居心地が悪くなるよ。ただし、より良い結果が得られるんだ」経験から言って、ノーランの言っていることは正しい。だからこそ、組織にはその不快感を押しのけるための極めて明確な理由が必要なのだ。

インクルージョンの力を追求する気を起こさせるひとつの方法は、事実とは異なる空想にふけることだ。よりインクルーシブなチームが采配を振るっていたとしたら、どうなっていただろうか？　より多くのものを築けていただろうか、あるいは、少なくとも、より少ない破壊で済んでいただろうか？　テック分野を専門とする伝説的ジャーナリストで、やればできるのレズビアン（最大級の褒めことばだ）、カーラ・スウィッシャーは、一例として、インターネットはより良い場所になるだろうと考えている。スウィッシャーは、「インターネットの素晴らしい部分を設計した人たち、人々の生活を快適にするクールな新製品を考え出し、それを世界中に広め、そうすることで富を築いている人たちのあまりにも多くが、生まれてこのかた一度も身の危険を感じたことがないのです」と述べている（注2）われわれはまさに、ガードレールの設計管理を任されている人たちが、それに信頼を寄せる人たちの気持ちをまるで理解していない状況を経験しているわけだ。

もし状況が違っていたとしたらどうだろう？　スウィッシャーの例を用いるなら、もしより多くのハイテク企業が次のような人たちに率いられていたとしたらどうだろう？　性別や人種、性的指向などを理由に職場でハラスメントを受けたり、不安や疎外感を覚えたり、見

＊「うまくいくことを期待」された場合、少人数の「従業員資源開発グループ」が立ち上げられ、無意識の偏見についての研修が開催されることもある。

知らぬ人の車に乗り込むときにかすかな恐怖を覚えたりする人たちに。きっと、様々な悪影響の予測を怠った数多くのソフトウェアにパッチを適用することにはならなかったはずだ。きっと、大々的な評議会をいくつも設置して、ユーザーの行動に関する事後の布告を出すことにはならなかったはずだ。きっと、われわれは今とはまるで違った世界、誰にとってもより良い世界、ときに弱さを覚える人間として、そのことに耐えている多くの人たちのための世界に住んでいるはずである。

そんなまるで違ったより良い世界を築くのは誰だろう？　それはあなただ。素晴らしいあなたなのだ。水曜日へようこそ。

水曜日の行動計画

1. これをおこなっている理由を理解する
2. インクルージョン・ダイヤルのどこに位置しているかを見極める
3. 人と違っていることへの身体的、精神的な安全を確保する
4. 人と違っていることへの心理的な安全を確保する
5. 違いにかかわらずすべての人を歓迎する
6. 自分のチームの独自性を尊重する

7. 組織規模で独自性を無敵の状態にする
8. 自分自身も含める

必要なもの

・偏見のない心
・調査ソフトウェア
・物事を改善するエネルギーと自信、またの名を（くだけた言いかたで）やればできるのレズビアン精神
・前回のDEIワークショップの影響で得るに至ったインクルージョンについての思い込みをすべて手放そうとする姿勢
・複雑で多面的な人間であるという認識

これをおこなっている理由を理解しよう

疑念を晴らすために言っておくと、インクルージョンをきちんとおこなうことで恩恵を受けるのは、過小評価されている従業員だけではない。インクルーシブな空間では、誰もがより本来の自分らしさを発揮できるため、皆にとってより良い空間となる。誰もがより楽な気

図 3-1 多様性のあるチームと同質のチームにおける利用可能な情報量

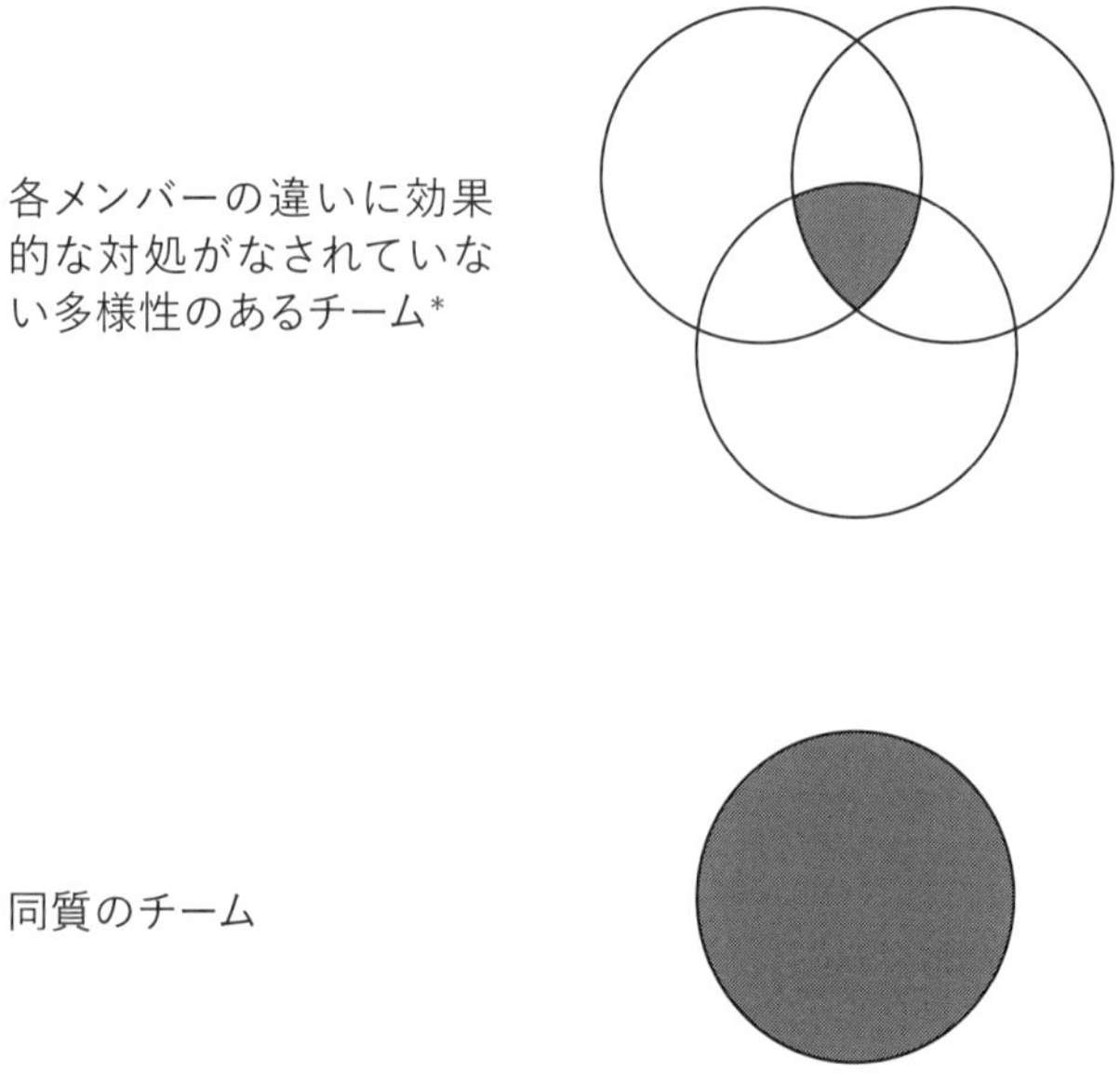

＊共通情報効果によってチームの共有知識が重視され、独自の情報へのアクセスが制限される。

出典：Frances Frei and Anne Morriss, Unleashed：The Unapologetic Leader's Guide to Empowering Everyone Around You（Boston：Harvard Business Review Press, 2020）（『世界最高のリーダーシップ』PHP 研究所）

持ちになり、さらなる信頼を築き、それぞれがもつ独自の知識や情報、経験で職場に貢献することになるだろう。

最後に挙げた点、すなわち独自の貢献の部分は、パフォーマンスの観点から見て非常に重要な点だ。* 他の人たちが知らないことを皆で共有するというのが、要するに、数々の勝利につながる鍵なのだ。このことは、「共通情報効果」などと呼ばれる現象によって説明がつく。字面だけ見れば無害な専門用語のようにも思えるが、ここは不気味な音楽に乗せて、その致命的な影響の手がかりを示しながら話を進めていくべきところである。（注3）

この恐ろしい共通情報効果は、こんな形で表れる。人間であるわれわれは、他者との共通部分に注目しがちだ。共通する知識を探し求め、確認することで、自分がその集団の価値ある一員であることを示そうとするのだ。** この本能に従えば、多様性のあるチームでは、当然のことながら、集団的意思決定のために利用できる情報量が限られてくる。多様性のあるチームは作業のための共有知識が単純に少なくなり、これが理由で、この章のはじめで触れたよ

＊私たちがMBAプログラムの学生とおこなうお気に入りのエクササイズのひとつは、エイミー・エドモンドソンとマイク・ロベルトによって考案されたシミュレーションで、各チームがエベレスト山の頂上で生き延びる方法を見つけ出すというものだ。集団への帰属感が強いと述べているチームは、メンバーそれぞれが独自の知識をより積極的に皆と共有するというだけの理由で、常に他チームをしのいでいる。

＊＊集団の一員であることは人の生存にかかわることなので、進化論的に理にかなった行動と言える。

うに、パフォーマンスの差が生まれるのだ。共通情報効果が表れるにまかせておくと、多様性のあるチームは同質のチームのパフォーマンスに及ばないことが多い。

図3-1は、この力関係を各3人ずつの2つのチーム（各円は人を表している）で示したものだ。1つ目のチームは、メンバー3人がそれぞれ異なる背景をもっているため、共有知識は3つの円が重なる部分のみとなる。2つ目のチームは、メンバー全員がよく似た背景をもっているため、円は重なり合い、共有知識が完全な円形で示されている。

しかし、パフォーマンスにとってインクルージョンが非常に重要になってくるのはここからだ。インクルージョンは、共通情報効果を打ち消すのだ。インクルージョンによって、たまたま共有していた情報だけでなく、それぞれがもつ独自の情報に誰もがアクセスできるようになる。多様性がありインクルーシブでもあるチーム、皆がそれぞれの独自性と多面性を尊重するチームをつくれば、チームがアクセスできる情報量を増やせるのだ。すると、組織は図3-2で示されるような状態、3人のインクルーシブなチームが他の2チームをこてんぱんにやっつけられるような状態になる。

ダイバーシティとインクルージョンの違いが非常に重要な意味をもつ理由はここにある。経験上、インクルージョンを目指して努力するチームの多くは、ダイバーシティの段階で行き詰まってしまう。違う背景をもつ人たちを集めるだけで、効果的な対処をしないためだ。そして、そこまでのDEIへの努力に対しても不満と不信感を生み出している。事実上、改

図3-2 インクルーシブなチームにおける利用可能な情報量

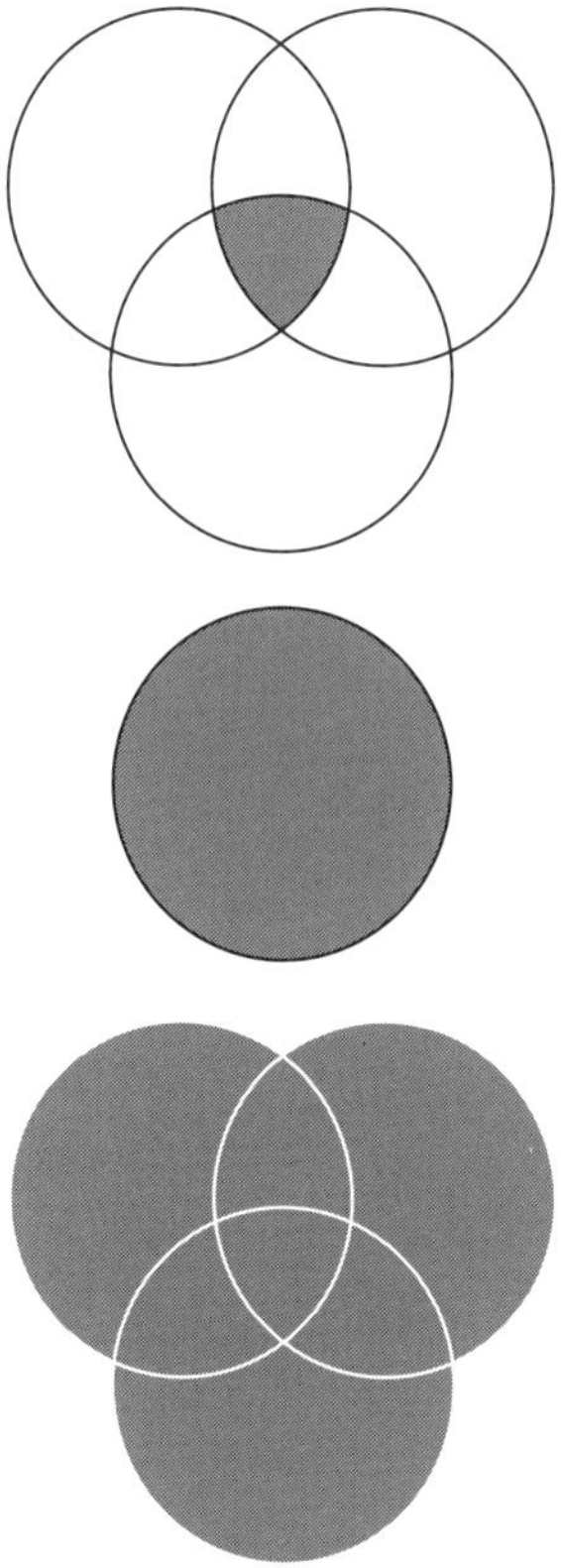

各メンバーの違いに効果的な対処がなされていない多様性のあるチーム*

同質のチーム

インクルーシブなチーム

＊共通情報効果によってチームの共有知識が重視され、独自の情報へのアクセスが制限される。

出典：Frances Frei and Anne Morriss, Unleashed：The Unapologetic Leader's Guide to Empowering Everyone Around You（Boston：Harvard Business Review Press, 2020）（『世界最高のリーダーシップ』PHP 研究所）

革の旅の途中で立ち止まり、早々に失敗を宣言しているのだ。

インクルージョン研究者のランドール・ピーターソンとハイディ・ガードナーは、取締役会におけるダイバーシティとインクルージョンの違いを調査し、ダイバーシティだけではなく、インクルージョンこそが、株価の上昇を含めたパフォーマンスの向上をもたらしていることを明らかにした。（注4）しかし、そこまで到達するには労力と時間がかかる。ペースの上げかたについてのピーターソンとガードナーの助言は、人の話に耳を傾けられるリーダーの大切さやアイデンティティーの境界線を積極的に超えていくことでもたらされる影響を含め、私たち自身の経験とも共鳴するものだ。

今日はこの後、インクルージョンへの実践的な取り組みかた、素早く動き、かつ信頼を構築するというやりかたについて見ていくが、まずはこの取り組みの組織的な価値について知ってもらうことから始めよう。Yだらけのチームにいる X を大切にすることも重要なことではあるが（とりわけそれらのXが孤立し、過小評価されている場合には）、水曜日は、一部の従業員だけを大切にする日ではない。水曜日は、あらゆる人たちを大切にする日だ。スターバックスのインクルージョンおよびダイバーシティに関する最高責任者、デニス・ブロックマンは、しばしば次のように述べてこの点を明確にしている。「よく言うんだが、インクルージョンは排除《エクスクルージョン》ではないということを理解しておくのが重要なんだ。この取り組みは、BIPOC《バイポック》（訳注：Black（黒人）、Indigenous（先住民）、People Of Color（有色人）の頭文字をとった、マイノリティを表すことば）のパートナー（訳注：スターバックスにおける従業員）のためだけにおこなっているわけではない。この取り組みは、すべてのパートナーにこの組織にインクルージョンされる機会を得てもらいたくておこなっているんだ」（注5）ブロックマンは、今日の取り組みへの意欲を引き出すような事実を明らかにしてくれた。完全なインクルージョンがあれば組織全体がより良い状態になり、それがなければもっとひどい状態になるのだ。

これはまた、いわゆる多様な背景をもつ人たちだけでなく、全員がインクルージョンの課題と機会を引き受けるような職場を生み出すための、われわれ共通の道徳と競争上の必須事項であるとも言える。改革の最前線に立つ、地球一と言っていいほど有能な私たちの友人、ボゾマ・セイントジョンから「どうして私が、黒人女性であるこの私が、すべてを解決しなきゃならないわけ？　私みたいな人間よりも、あなたたちみたいな人間のほうがずっと多いっていうのに。ちょっと手助けしてよ」と言われたことがある。

セイントジョンの要請に応じて手伝い、気づいたのは、インクルージョンの課題を引き受けるのは、思っているほど難しいことではないということだ。これまでに述べたように、インクルージョンは緊急かつ達成可能な目標だ。企業が日々、恐れや困惑によって進行を止めることなくおこなっていること、つまり、業界に混乱をもたらしたり複雑な組織を成長させたりすることに比べれば、はるかに大胆さを求められない目標なのだ。

インテルのＣＥＯ、パット・ゲルシンガーは最近、同社がＤＥＩにそこまでの時間をかける理由を問われて次のように即答した。「ダイバーシティ、エクイティ、インクルージョンは、イノベーションを促進し、最高の人材を呼び込み、従業員のエンゲージメントを高め、最終収益を向上させるものだからだ」（注6）経験上、このような明確さを、とりわけ企業を率いる人が示すことは、完全なインクルージョンの文化をつくりあげ、さらには、それによって「加速する卓越性」へと至る上で非常に有効であるといえる。さて、この作業をおこなうあなたの理由は何だろうか？

状況分析

インクルージョンへの取り組みがあなたの組織にもたらす作用を明らかにしたら次へ進もう。

インクルージョンの競争優位についての心躍る10の発見

インクルージョンが及ぼす複雑な効果を査定するのは難しいところではあるが、研究者たちは優れた技量を発揮している。インクルージョンが企業の業績にもたらす数々の影響を特定し、数値化する真剣な取り組みから得られた彼らの洞察には、説得力がある。次のリストに、私たちお気に入りの発見をいくつか挙げる。これらの多くは、いまだに広く正当に評価されていない。

1. インクルージョンによって良い人材を採用できるようになる。

インクルージョンはいまや、過小評価されている人たちだけでなく、あらゆる有能な人材へ向けてのアピールとなる。健全な職場をつくり、全体として抜きんでるために何が必要かを組織が理解していることを示すものだ。応募者からは、採用プロセスから福利厚生の細則にいたるまで、あらゆる点でインクルージョンの証拠を探されることを覚悟しておこう。例として、同性カップル向けの不妊治療手当、あるいは退役軍人向けのメンター制度などを必要としない人もいるかもしれないが、そういった制度があるということで、個々の違いを正しく認識している組織だということは伝わるはずだ。(注7)

2. インクルージョンによって良い人材をつなぎとめられるようになる。

インクルージョンを有言実行すれば、前出の応募者が従業員となり、その後も留まることになるだろう。インクルージョンは、組織のあらゆるレベルにおいて高い定着率をもたらし、さらに、従業員層によっては(その筆頭は退役軍人だ)、彼ら独自の貢献を評価するあなたの力量に忠誠を尽くして報いてくれるだろう。(注8)

3. インクルージョンは従業員のエンゲージメントを高める。

「インクルーシブである」とみなされる企業は、常にエンゲージメントスコアが高い。それらの数値の説明となる興味深いデータを紹介しよう。インクルーシブな企業は、従業員のパフォーマンス向上のためにコーチングをおこなえる可能性が約4倍、リーダーを見いだし、育て上げる可能性が約3倍高い。従業員の成長を促すことがエンゲージメントの鍵であり、インクルージョンはそれを可能にする力となっているようだ。（注9）

4. インクルージョンはレジリエンスを高める。

違いをもつ人たちが組織内でうまくいっていると、一般的に、危機や「激動の時代（私たちお気に入りのビジネスの婉曲表現）」をよりうまく切り抜けられる。適応力が増し、変化が苦にならなくなり、人事の問題にもうまく対処できるようになる。（注10）ひとつ面白い事実がある。S&P500種株価指数は2007年から2009年にかけて35パーセント下落したが（あのひどい時期を覚えているだろうか？）、インクルーシブな企業の株価は逆に14パーセント上昇したのである。（注11）

5. インクルージョンは市場を拡大する。

インクルーシブなチームは新たな市場を発見し、開拓することに長けている。なぜなら、それらのチームには企業の視野を広げ、死角をなくす力があるからだ。(注12)より多くの女性が意思決定の役割を担っていると、例えば、女性顧客にとっての課題を企業が解決する能力は向上する。(注13)しかもこれはまだ序の口で、インクルージョンはさらに「マクロ経済的」意味までもつのだ。例えば、アメリカのGDPは、労働人口に障がい者が今より1パーセント多く加わるだけで、最大250億ドル増える可能性がある。(注14)その増加分の何パーセントがビジネスの新たな顧客となりうるだろうか？

6. インクルージョンによってよりイノベーションを起こせるようになる。

インクルージョンは、新たなアイデアにとってより健全な能力主義の場をつくりだす。そこでは、型にはまらない考えかたが現れやすくなる。(注15)そうなる理由の1つには、インクルーシブな組織にいる人たちは、そのアイデアが意外な人物から提案されたからといって低く評価したり、葬り去ったりするのを許さず、アイデアの良い点を明らかにし、耳を傾ける可能性が高いことが挙げられる。「誰の」ではなく、「どんな」アイデアかが重視されるのだ。真のインクルージョンがどれほどのイノベーション増大につながると思うだろうか？　出発点にもよるが、おおよそ20パーセントから70パーセントにまで及ぶと推定されるのだ。(注16)

7. インクルージョンによってより良い意思決定者になれる。

様々な声が上がるだけではなく、統合されると、意思決定の質が高まる。(注17) 喜ばしい研究論文によると、全員が男性のチームによる意思決定は、ほぼ60パーセントの確率で個人の意思決定より適切な判断を下したが、性別に多様性のあるチームでは、その確率はほぼ75パーセントにまで上昇したという。さらに、性別、そして地理的に多様性があり、20を超える年齢差の人が少なくとも1人いたチームは、87パーセントの確率で一個人よりも優れた決断を下していた。(注18)

8. インクルージョンはリスク管理に役立つ。

2008年の金融危機による挫折のなか、重要な決定の場にもっと女性がいたなら違う結果になっていただろうという「リーマン・シスターズ」仮説が真剣に取り上げられた。この仮説は検証され、その後の研究で、経営幹部や取締役会におけるジェンダー・インクルージョンは、リスクに対する企業の健全な姿勢、すなわち過度なリスク回避もリスク愛好もない状態と全体的な業績の向上に関連するとの結論が出ている。(注19)

9. インクルージョンによって株価が改善する。

インクルージョンが整備されていると、株主利益率が10パーセントから30パーセントを超える幅で上昇する（冗談抜きで）と推定されている。(注20)ゴールドマン・サックスが、今後はストレートの白人男性のみで取締役会が構成されている企業の新規株式公開を引き受けないと最近発表したのも、それが理由であるかもしれない。(注21)インクルージョンに対するあなたの組織の利益がどのようなものになるにせよ、こう尋ねたい。「このような利益の追求のために、他に何をするというんです？」と。これは、私たちがよく企業にしている質問だ。

10. インクルージョンはより利益をもたらす。

1から9の項目で取り上げたすべての理由から、インクルージョンによって売上高と最終利益の両方が増加することになる。有能でエンゲージメントの高いあなたのチームは、より良いイノベーションと賢明な市場開発をとおして収益をさらに増加させることになり、あなた自身は、より良い意思決定、より高い定着率と生産性をとおして、より効率的に資本を投下できるようになるだろう。その途中で乱気流に見舞われたとしても、きっと飛行機を無事に着陸させられるはずだ。私たちはインクルージョンが組織に当たり前のように組み込まれている世界で暮らせることを願っている。そんな世界が実現されるまで、他にこのような優位性をもたらしうるものはないはずだ。(注22)

インクルージョン・ダイヤルのどこに位置しているかを見極めよう

今日という1日を古き良き方法、用語の復習で始めよう。まず、インクルージョンの文化には、安全、歓迎、尊重、無敵という4つのレベルがある。私たちはそれぞれの特徴を次のように考えている。

1. 安全　自分が誰であるかにかかわらず、誰もが職場で身体的、精神的、心理的に安全だと感じている状態。
2. 歓迎　自分が誰であるかにかかわらず、誰もが入社してから退職するまでずっと職場で歓迎されていると感じる状態。皆の前で「本当の自分」を出しても不利益を被ることはない。
3. 尊重　自分が自分であるからこそ、職場で尊重されていると感じる状態。独自の情報、アイデア、視点で組織の目標達成に貢献することに対し、高い評価を受ける。
4. 無敵　インクルージョンの文化が組織に浸透している状態。インクルージョンは倫理的かつ競争優位に欠かせないものとみなされている。各社員、チーム、職務間における帰属感にばらつきがほとんどない。

組織がインクルージョン・ダイヤルのレベルを上げていくと、その意欲は高まり、それぞれの違いにかかわらず皆が安全で歓迎されるようにする状態から、それぞれが独自性をもつからこそ高く評価される状態、つまり、尊重された無敵の状態に向けて動いていく。繰り返すが、これは誰にとっても良いことなのだ。インクルージョン・ダイヤルのレベルが上がりきれば、共通情報効果などひとたまりもないのである。

ダイヤルのレベルは、安全から歓迎へ、さらにその先へと進行していく。ただし、あるレベルからひとつ飛ばしてその先のレベルへと進むことはできない。*例として、以前フランシスが私たちのようなLGBTQ＋の人たちに強く反対する法律が定められている国での講演を依頼されたことがある。安全性への懸念があるとして断ったところ、そのような人であっても丁重に迎えられるとの話だった。それでも、先方はパレードを開催してフランシスを称えるスピーチまでおこなう可能性があったため、本人は結局その国へ向かう飛行機に乗ろうとはしなかった。どれほど歓迎されようと、安全性の欠如を埋め合わせることはできないの

＊インクルージョン・ダイヤルの進行ということばで、心理学者マズローのかの有名な欲求段階説（訳注：人間の欲求は5段階の階層性をなしているという理論）が頭に浮かんだことだろう。マズローのいう究極の目標「自己実現の欲求」は、人としてのそれぞれの違いが認められ、評価されれば、組織の中でも達成できると私たちは信じている。

だ。

競争心が非常に強く、「プレス・ユア・ラック」（訳注：3人の回答者が賞金、賞品の獲得を目指して競うクイズ番組。ビッグ・ボードと呼ばれる特大画面が用いられる）のようなクイズ番組を見ながら育った私たちは、この仕組みを示すために特大サイズのダイヤルの図を用いずにはいられない（図3-3を参照のこと）。

（お察しのとおり、無敵までたどり着いたら成功だ）

あなたとあなたの同僚は、インクルージョン・ダイヤルのどこに位置しているだろうか？ここで、今日の必要なものリストにあった例の調査ソフトウェアを取り出して、自分のチームのインクルーシブ度合いを測ってみよう。自分のチームに加えて、少なくとももうひとつ、社内の別のチームを対象に、無記名でのアンケートを実施しよう（この場合、データは多いに越したことはない）。できるだけ簡潔に、インクルージョンに関する質問をひとつおこなおう。

職場でのあなたのインクルージョン経験についてもっとも当てはまることばは？

A．次のうちどれにも当てはまらない（すなわち、いまだ安全ではない）
B．安全
C．歓迎

図3-3 インクルージョン・ダイヤル

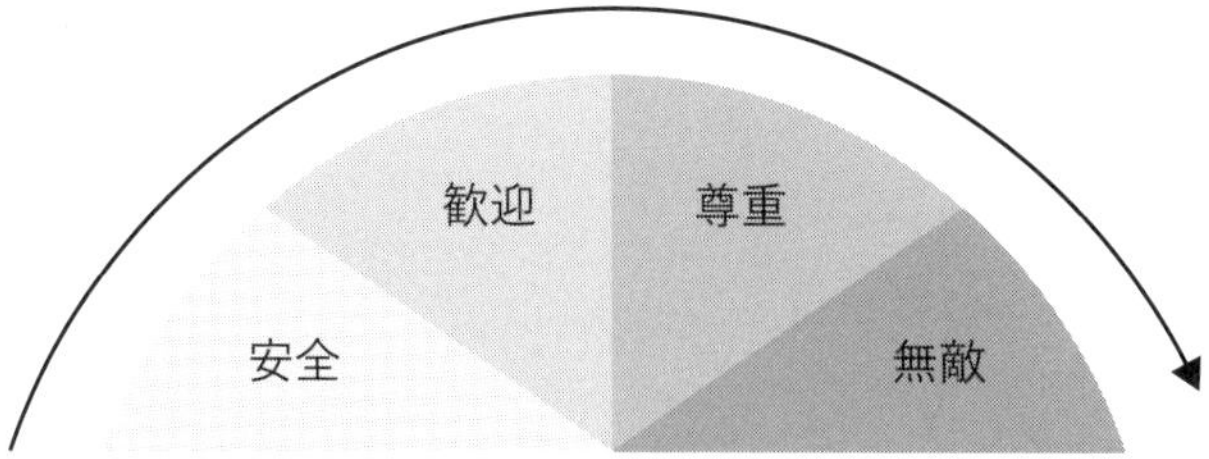

出典：Frances Frei and Anne Morriss, Unleashed：The Unapologetic Leader's Guide to Empowering Everyone Around You（Boston：Harvard Business Review Press, 2020）（『世界最高のリーダーシップ』PHP研究所）

D. 尊重
E. 無敵

基本的なプロフィール情報（デモグラフィック、地位、職務など）を集めるのは構わないが、それは回答者の匿名性を確実に守り、報復のいかなる可能性も排除できる場合に限られる。

すると、次にはこんなことが起こる。返ってきた様々な回答に驚くことになるのだ。この作業を一緒におこなうと、リーダーたちはほとんどそうである。回答の分布は、チームも組織も超えてたいていの場合幅広く、驚くほど安定している。上位の階層に位置する従業員のあいだであってもだ。約40パーセントの人たちが職場で歓迎されていると感じ、おおよそ30パーセントが尊重されている、あるいは無敵であると感じている。リーダーの多くがもっとも驚くのは、無視できない割合で安全だとしか感じていない人たちがいるということ、そして、同僚のなかには職場に来ることに安全すら感じられない人がいるということだ。あなたには何をおいてもまずこの最後のグループ、すなわち、安全性の欠如を経験している人たちに対処してもらいたい。危険な状況にあるチームメイトのために、明確な意思とスピードをもって対処するのだ。なぜなら、その危険な状況はすぐそこに迫っている可能性があるからだ（次の節で早速取り掛かろう）。

　プロフィール情報を集めたのであれば、インクルージョン・ダイヤルのどこにどのような人が位置しているかの傾向がわかるはずだ。それらのパターンが、今日の作業を教えてくれるだろう。多くの組織と同じような傾向がある場合、例えば、一部のアイデンティティーやチーム、そして（あるいは）職務の人たちが、他の人たちよりも強い帰属感を覚えている可能性が高い。ある特定のグループ内の全員が同じインクルージョン経験をすることにはならないが、その指向性パターンに注目しよう。それらのパターンは、月曜日に着手した課題解決にどのような情報をもたらすだろうか？

　インクルージョンのデータによって、今日の作業を整理でき、やる気を引き出されることだろう。このエクササイズがもたらす重要な成果は、多くの組織と同じような傾向がある場合、インクルーシブな職場のもつ最大限の可能性に自分がまだ気づいていないという事実を見いだせることだ（例の「心躍る10の発見」を思い出そう）[*]。「構築マップ」で信頼度の高いマスに位置しているとしても、改善の余地はきっとあるはずだ。今日の作業にさらなるモチベーションが必要だというなら、このデータでモチベーションに火を付けよう。

今日はこの後の時間を使って、チーム全員のインクルージョン・ダイヤルを上げることに取り組もう。最初におこなうべき不可欠な作業は、皆が少なくとも仕事中に、同種の職業の基準に照らして安全であると感じられるようにすることだ。続いて、安全から歓迎へ、歓迎から尊重へ、最終的には尊重から無敵へと進めていこう。最後に、誰かがおこなってくれるのを待たずに、あなた自身が自分らしさを出し、その独自の貢献を評価する方法について詳しく見てから1日を終えよう。

作業上の注意点をひとつ。インクルージョン・ダイヤルを上げていく過程で、下がっていく人たちが出ないようにしよう。例えば、女性やノンバイナリー（訳注：男性でも女性でもないという認識）の人たちにとってよりインクルーシブになった文化をもつ組織では、一部の男性がその同じ文化のなかで、うっかり誤った言動をとってしまった場合に生じる代償をより恐れるようになるという事態も起こっている。こういった意図せぬ影響を回避するために、インクルージョンの持続可能な解決法は、皆の状態をより良くするものでなくてはならないという原則

＊このエクササイズによって、従業員が日々経験していることを理解するためのシステム、彼らの声に耳を傾けるシステムがあまり整っていないことを見いだす組織も多い。顧客の意向を探るのがうまい企業であっても、従業員がどんな気持ちでいるのかは今ひとつわかっていないということはよくあるのだ。

を忠実に守ろう。*

最後に、自分自身がインクルージョン・ダイヤルのどこに位置しているかについてよく考えてみよう。あなたがそのレベルを上げるには何が必要だろうか？　今日はこの先、個人と集団の両方にとってのインクルージョンの可能性を探っていくことになるが、注目すべき点を今お知らせしておこう。インクルーシブな組織をつくることに皆が全面的に責任を負い、それぞれの独自性を認め合うことに皆が全面的に責任を負ったなら、インクルージョン賞金獲得のチャンスは極めて高い。

状況分析

自分自身も含め、組織でのそれぞれのインクルージョン経験に関するデータを集めたら次へ進もう。

人と違っていることへの身体的、精神的な安全を確保しよう

あなたの会社が、他の多くの会社と同じようにある程度の規模であるなら（仮に従業員数１００人以上としよう）、一部の同僚は職場に来ることに不安を感じているはずだ。私たちの提案した調査エクササイズ、あるいは他の方法によってこのパターンが確認されたのであ

れば、はっきりとこうお伝えしたい。あなたには行動を起こす人間的、倫理的、組織的義務がある。あなたの同僚は危険な状況にある可能性があるのだ。

ある人の感じたことが、反論の余地のない真実として受け入れられるべきだと言っているわけではない（私たちは、認識は当てにならないとの確信に至っている）。勤務中に感じる不安といっても様々な意味合いがある。それは心理的安全性の欠如を意味するかもしれない。これは次の節の焦点だ。身体的に危険な状態とは異なるが、組織にとってはやはりまずい事態である。また、誤解が生じていることを示す可能性、あるいは、安全性の概念を政治化、さらには武器化している人がいるという可能性もある。これは私たちも一度ならず目にしている。しかし、それらもまた解決すべき真の課題である。そして、より大きな問題は、チームメイトが出社する際に許容できないレベルのリスクを実際に経験している可能性があるという事実だ。この節ではこれ以降、安全性の欠如が誠意をもって申告されていると仮定して話を進めていく。たしかに組織は誤った告発のリスクから従業員を守らなければならないが、虚偽の申告がおこなわれる率は低い。（注23）一方で、ハラスメントを受けたことがあるという人の90パーセントは、提訴や告発といった正式な行動をとることがないのだ。（注24）

＊経験上、この原則を守るのは難しくない。ＤＥＩの作業で多発する、大きさを固定されたパイ（訳注：相手に多くを与えると自分の取り分が減ってしまうという考えかた）や敵か味方かを心配する考えかたとは対照的だ。

研修、エンパワメント、真実と結果を大切にする文化をとおして職場への重大な危害を減らし、防ぐことは、リーダーとしての責務だ。また、従業員ができるだけ速やかに、できるだけ品位を保ったまま危害を明るみに出せるシステムもつくらなくてはならない。例えば、無記名でのアンケートをおこなったグループに再び目を向けて、安全ではないと感じているすべての人に協力を依頼し、組織にその課題に取り組む機会を与えてもらおう。取り組みのために、人事部のみならず様々な選択肢を用意しよう（課題を明るみに出すのに現行のシステムが使われていないのには理由がある）。率直に話すことによってプライバシーの侵害、報復、その他のリスクが生じないことを確約しよう。

　次のように考えてほしい。組織として、あなたとあなたの同僚は、出社する際に身体的、精神的な安全を感じられなくてはならない。以上だ。人は、自分が選んだ職業の基準に照らして、危害を加えられる可能性はかなり低いと感じられなくてはならない。[*] これはつまり、ほとんどの人にとって、ほとんどの仕事において、いじめやハラスメントを受けたり、傷つけられたり、深刻な健康上のリスクにさらされたりすることはまずないという自信をもって仕事に行けるということだ。[**] 従業員のために安全性の基盤を提供できないのであれば、インクルージョン・ダイヤルのその先の3つのレベルに目を向ける必要はまったくない（リーダーシップの行動計画についても同様だ）。なぜなら、前進の見込みはないからだ。

　どんな組織であれ、安全性を拒絶することはめったにない。だからこそ、インクルージョンの話をここから始めたのだ。どこからDEIの作業に取り掛かればよいかと尋ねられたときは、安全性の欠如を感じている可能性がもっとも高い人たちを守り、エンパワーするよう勧めている。例えば、ウイルスの世界的大流行のさなかに害を及ぼされる可能性がもっとも高いのが最前線で働くチームであるなら、インクルージョンの順番で最前列に来るのは彼らである。

この原則を一般に当てはめてみると、女性、白人以外、LGBTQ+の従業員（とりわけトランスジェンダーの同僚）は、その他のデモグラフィックと比べて職場でセクシャルハラスメントを受けるリスクが高いという現実に直面せざるを得ない。これらの特性に2つ以上該当する同僚のリスクはもっとも高くなる。(注25) 組織はこれらの事実を踏まえ、性的違法行為を阻止し、それに対処するためのはっきりとした戦略を立てなくてはならない。それらの行為を決して容認しない文化によって、その戦略を強化しなくてはならない。

どうすればこれを正しくおこなえるだろうか？　被害にあう可能性がもっとも高い人たち

＊つまり、単純に言って、かなり低いということばの定義は分野によって変わるということだ。例えば、警察官であるか、高校の教員であるか、金融の専門家であるかによってそれぞれに異なる。

＊＊この文を書いている今、フィールド上で深刻な損傷を受けたバッファロー・ビルズのダマー・ハムリン選手は、病院で自らの命のために闘っている。アメリカンフットボールで繰り返し起こる恐ろしい事態である。娯楽産業であるNFLは、このテストでは不合格となる。

に加わってもらい、彼らのニーズに合った戦略を共同で立てるのだ（火曜日に取り上げた話、スタイネムのお節介に憤慨したカメのことを思い出そう）。例として、本書の著者である私たちは、ここアメリカでは保護色である白をまとって歩き回っているため、人種的な理由による暴力や差別の恐ろしさをわかっていない。そんな自分たちがそれらの危害を軽減しようと単独で対処すべきではない。だからといって、その責任から逃れていいわけでもない。同僚のティナ・オピーが自身の学識で私たちの意欲をかき立てるように、安全性に対する認識の異なるチームメイトにとっての良き協力者、仲間となることが私たちの責任であり、機会でもあるのだ。品位、謙虚さ、切迫感をもってこの務めを果たさなくてはならない。（注26）実際、インクルージョン・ダイヤルで上のほうに行けば行くほど、手を伸ばして他の人たちを引き上げることはより重要な責務になってくる。

この認識の違いがはっきりと表れたのは、安全性の面でどう差別化を図るかについてウーバーと取り組み始めたときのことだった。そういった戦略を特徴づける原則について同社のリーダーたちと議論している途中に気づいたのは、会議室の半数の人たちが、車という閉鎖空間における乗客と運転手双方に対するハラスメントや暴力のリスクの軽減について話していることだった。一方で、もう半数の人たちは、交通事故を減らし、保険料を削減することについて話していた。驚くことではないが、この大きな違いは性別によって生じたものだった。

Ｖａｕｌｔ Ｐｌａｔｆｏｒｍ社の創業者でＣＥＯのナタ・メイダヴは、自身の経験、そして、他の多くの人にも起こっていることがわかっている経験をもとに、より安全な職場をつくるという難題に取り組んだ。大学を卒業したてのメイダヴは、採用責任者からのハラスメントを受け、憧れの仕事を断った。そして、その出来事を企業側には伝えないことにした。「私のことを公平に扱ってくれるようなシステムだとは思えなかったし、自分のキャリアが影響力のある男性によって始まりもしないうちから潰されてしまうのではないかと不安に思ったの」それから数か月後、メイダヴは、同僚のひとりがやはり例の採用責任者からハラスメントを受けていたことを知ったのだった。「これが繰り返し起こっていることだと知っていたら、届け出ていたのに」

メイダヴ率いるチームが設計したソフトウェア・ソリューション、「スピーク・アップ」というアプリベースのデジタルプラットフォームには、「ゴー・トゥギャザー」と呼ばれる機能が含まれている。この機能は、ユーザーが自分の身に起こった出来事を内密に文書として残すことができるが、同じ人物に対する訴えが他にも集まるまで報告はされないというものだ。集団で行動を起こすという選択肢が重要な障壁を取り除く一方で、従業員名簿に載っている人たちのなかに繰り返し危害を加えている者がいることを企業側に知らせることにもなる。Ｖａｕｌｔのツールで、ユーザーはそれぞれの組織がどんな行為を方針に反するとみなしているかについて学び、不適切な携帯メールのようなものについて内密に文書を残してタイムスタンプを付与することができる。同社の技術は、危険な状況にある人たちが、加害者にしっかりと対抗して責任を取らせることを容易にしている。メイダヴの才能、勇気、そして独自の視点を職場にもたらそうという意欲によって進歩が可能となったのだ。[*]

あなたの組織では誰が、あるいは何が安全性を損なっているだろうか？　腐ったリンゴがひとつ、すなわち、悪影響を及ぼすひとりの人間だろうか？　堅固な人事システムの欠如（専門的なサービスを提供する企業や起業して間もない企業によく見られる）だろうか？　ずば抜けた業績を挙げるスター従業員のみを大切にする文化が、行動を起こすのを妨げているのだろうか？　ちなみに、スター従業員はいい緊張感をもたらすはずだという直観は、はっきり言って、間違っている。有害な業績優秀者は短期的な勝利を生み出すかもしれないが、長期的に見れば明らかに業績に悪影響を及ぼす。より多くの収益をもたらす可能性がある一方で、有能な人材の大量離職に拍車をかけ、いずれは企業の文化と評判を損ないもするのだ。（注27）

最後に、もし**あなたが**安全だと感じていないのであれば、本書を置いて、信頼できる人に自分の経験を話そう。あなたを受け入れがたいほどの危険にさらしている何か、あるいは誰かを下支えしているものに関して沈黙を破ろう。思いやりがあり、信頼できる仲間を味方につければ、独りぼっちだと感じるストレスも苦痛もなく、次にすべきことを見いだせるようになる。

状況分析

職場での皆の身体的、精神的安全性を確保する計画が立てられたら次へ進もう。

人と違っていることへの心理的な安全を確保しよう

安全性の欠如を訴える人のなかには、心理的な安全を感じられない人がいる可能性がある。前節で述べたように、身体的、精神的に差し迫った危険にさらされているわけではないという意味ではいいことなのだが、エンゲージメント、貢献、パフォーマンスを阻む強力な壁に直面しているという意味で厄介なことである。心理的な安全を感じられないと、率直に話すこと、つまり、アイデアや疑問や懸念を共有することをためらうようになる。却下されたり、恥をかいたり、さもなければ罰されたりするのではないかと恐れるためだ。(注28)

独自の情報はパフォーマンスにとって不可欠なものだということを覚えているだろうか？心理的に安全だと感じていない同僚は、自身を守るためにその独自の情報を実質的に抱え込

＊（打ち明け話）メイダヴ率いるチームが開発していたツールに非常に感銘を受けた私たちは、同社への助言と投資を決定した。

んでいる。自分の知識をすべて共有することは、対人関係におけるリスクが非常に高いと正確に判断しているのだ。心理的安全性は、たいていチームレベルでつくりあげられ、損なわれるものなので、この問題を報告しているのが誰であれ、不満をもつ人は他にもいる可能性が高い（この課題を明るみに出すには、手始めに上司にどうするつもりかを訊いてみるといい）。

心理的安全性はどれほど重要なものか？　ざっくり言って、とてつもなく重要だ。この概念を世界的に広めた学者、エイミー・エドモンドソンによれば、心理的安全性はチームと組織のパフォーマンスの基礎をなすものである。例えば、グーグルは、高度なスキルをもつ同社の各チームにおけるパフォーマンスの差を徹底的に明らかにしようと、「アリストテレス」というコードネームのプロジェクトに何年も費やした。その結果、心理的安全性が「すべてを」説明するとの結論に達した。（注29）より正確に言うと、リーダーたちは、心理的安全性をその他の重要なパフォーマンス推進力の「支えとなるもの」だと認識するようになった。明確な目標をもつとか有意義な仕事をするとかいった他のことに先がけて整えなくてはならないものであり、それによって差が生まれるということがわかったのだ。（注30）エドモンドソンがときに恐れのない人間関係と呼ぶ心理的安全性は、あなたの会社のそれ以外の夢と希望が築かれる土台なのだ。

インクルージョンの目標も例外ではない。インクルージョンもまた、心理的安全性の支えが必要だ。(注31)そして、身体的、精神的な安全と同じように、あらゆる人が同じように感じていることはめったにない。例えば、男性は女性よりも高いレベルで心理的な安全を感じる傾向があり、白人の従業員はそれ以外の集団よりも高いレベルで心理的な安全を感じる傾向がある。(注32)言い換えれば、職場に何かしらの違いをもたらす同僚は、心理的非安全を感じている可能性が高いということだ。

コロンビア・ビジネススクールのリーダーシップと倫理学の教授、モデューペ・アキノラは、ストレスとアイデンティティーの交差について研究している。アキノラによれば、「唯一の」ひとりであるという特性は、心理的な安全がより低く感じられる環境をつくりだす」という。(注33)率直に話すことのリスクと報酬の計算はまた、ステレオタイプによって複雑化することもある。アキノラの調査で、黒人女性にとって、課題を特定しようとする行為は、その過程で用いる声の調子ひとつとっても、より大きな危険を伴う選択であることがわかった。お決まりの「怒れる黒人女性」そのものだと思われないようにしなくてはという、さらなるプレッシャーを感じるためだ。

リモートワークのおかげでインクルージョンの状況はいくらか、とりわけ安全性にかかわる部分で改善された(自宅のリビングルームで危険にさらされる可能性は低い)とはいえ、この問題は解決されていない。「女性が働きやすい職場をつくる」ことを使命とする非営利組織、カタリストの調査によると、女性のビジネスリーダーの45パーセントが、女性はオンライン会議で発言しにくいと回答しているという。(注34)この調査を紹介したのも、ここからまさに解決策の話へとつながっていくからだ。どこで集まろうと、皆がそれぞれの意見を口に出せると感じられるようにする方法、私たちのフレームワークにおいては、安全から歓迎への取り組みの部分である。(オンラインであろうとなかろうと、素晴らしくインクルーシブな会議の運営法についてもいずれお伝えする)

言わんとしているのはこういうことだ。身体的、精神的な安全と同じく、心理的な安全もまた、高い信頼を得て、高速で進むあらゆる組織の基礎をなすものである。ポーカーのプレイヤー言うところの「テーブル・ステーク」だ(訳注:「テーブル・ステーク」とは、最初にテーブルに置く掛け金のこと。ここでは、必要最低限のものという意味)。この話をここで取り上げたのは、心理的な安全をもっとも感じていないだろう人たちはまた、インクルーシブな状態をもっとも感じていない人たちでもあるだろうからだ。この章の先では、この課題を解決していこう。ただ、心理的安全性を組織規模でどう実現するかについて、詳しくは、ぜひエドモンドソンの著書を参照してもらいたい(フィードバックを進んで受け入れること、「率直に話す」文化を築くことの重要性は読みどころだ)。(注35)数多くの組織が――なかでもGitLabはその好例――エドモンドソンの研究を中核に据えてそれぞれのDEIへの取り組みをおこなってきた。(注36)エドモンドソンは、心理的安全性、インクルージョン、パフォーマンスをつなぐ小道(むしろ幹線道路と言っていい)を明るく照らすことを使命にしている。そして、彼女についていこうとする人の数を最大にすることが私たちの使命だ。

状況分析

職場の全員のために心理的安全性を確保する重要性を確信したら次へ進もう。

違いにかかわらずすべての人を歓迎しよう

安全の項目すべてが達成できたと自信をもって言えるようになったら、次の仕事に取り掛かれる。何かしらの違いをもつ人たちを含め、皆が職場で歓迎されていると感じられるようにするのだ。それらの違いには、白人が大多数の環境にいる黒人やヒスパニック系の従業員のように非常にわかりやすいものもあれば、宗教や支持政党、ＬＧＢＴＱ＋の自認のように見えにくいものもある。診察の予約のために病気休暇を使えるだけ使い、多発性硬化症のような「気づきにくい」障がいと闘っている人もいれば、夜遅くに頻繁におこなわれる会議に気にせず参加できる20代が中心のチームにいる、40代のひとり親である場合もあるだろう。

何らかの意味で少数派である同僚たちはまた、皆で共有する使命に自分らしさをもたらせるだろうと感じてもいるはずだ。自分たちにも、周りの人たちと同じだけの空間を占める権利があるだろうと感じているはずだ。ＤＥＩの取り組みで公正や平等といった目標によく反映されるのはこの思いだ。「自分が歓迎されていると感じられれば、貢献し、達成し、前進するための公正で平等な機会を得られるはずだ。自分が職場にもたらすだろう違いにもかかわらず」

多くの組織では、人事の全段階（採用、育成、昇進、定着）にわたって歓迎の機会を見いだせるだろう。その歓迎はたいてい、各段階での偏見を減らし、帰属感を高めるという形で表れる。例えば、アメリカの多くのテック企業は、ストレートの若い白人男性が成功できる職場をつくることには成功しているが、女性や白人以外の人、ＬＧＢＴＱ＋の人、35歳を過ぎた人、それらの特性が組み合わさった人、ストレートの若い白人男性の「知り合い」ではない人たちを採用し、育成し、昇進させ、定着させることがなかなかできていない。（ここでいう「知り合い」とは、わずかな違いはあれど、主に同じ人脈、影響力、人生経験を共有している人たちのことだ[*]）

テック業界でもそれ以外の業界でも、人事の全段階をより歓迎的なものするにはどうすればいいだろうか？　ひとつ言えるのは、違う結果を求めるなら、違うやりかたをすればいいということだ。例として、自分が属していない外集団、すなわち、成功していないアイデンティティーの人たちが多数を占める場で、より積極的な採用をおこなうというやりかたがある。つまり、歴史的に黒人にひらかれた大学にうまく働きかけるのだ。そして、女子大学にも。さらに、なじみのない地域の大学にも。例えば、画期的な外国語学習アプリを提供するデュオリンゴ社は、コンピューターサイエンス課程に占める女子学生の割合が18パーセント（全国平均）を下回る大学での採用活動をしないなど、その採用戦略に大きな変化を起こして、新規採用のソフトウェア・エンジニアが男女半々という驚きの比率を達成した。（注37）

人事の段階において「信頼の課題を解決する」という火曜日的な機会を求めているのであれば、育成の機会についてより体系的な取り組みをするというやりかたもある。注目度の高いプロジェクトに携われるのは誰か、上級幹部の視察に同行できるのは誰かについて、より深く考えてみるのだ。思いあがった人間の見かたにしか存在しない、「社の文化に合う」などといったつかみどころのない主観的な評価基準に疑問を投げ掛けるのだ。とりわけ女性にとっては偏見や落とし穴だらけになりかねない昇進の評価方法を変えてみるのだ。（注38）

マイクロソフトの最高人事責任者、キャスリーン・ホーガンは、CEOのサティア・ナデラと共にこの時代でも特に胸躍る企業再生をおこなった際、従業員の経験のあらゆる側面をインクルージョンのレンズをとおして調査した。インクルージョンは、マイクロソフトにとって戦略的に絶対間違えられない3つの優先事項のひとつだったため、ホーガンはそれを勤務

＊ここで単純な指向性検査だ。あなたのチームのデモグラフィックが、より大きな集団のデモグラフィックとはあまり似ていないなら、採用をおこなう人材プールに人工的な柵を築いている可能性が高い。つまり、人間性あふれる美しい池に棲む人材を見逃しているだけでなく、似た者文化に陥っている危険性があるのだ。

評定の重要な要素とした。つまり、個々の貢献と同時に、何よりも他者への影響力が評価されることになったのだ。テック企業にとっては抜本的な改革である。ホーガンが総点検を終えるころには、同社での昇進に個々の業績はやはり重要にはなるが、それと同様に、他の人たちの成功にどれほど貢献したかが重視されるようになっていた。そして、そのころには、マイクロソフトの業績は記録的な急上昇を続けていた（インクルージョンと業績のあの数々の関連性を覚えているだろうか？）（注39）

ときには、歓迎は単に向かい風がない状態を意味する場合もある。私たちが企業との仕事を始めるときに好んでおこなうのは、少数派集団に属する上級幹部との話し合いをもち、「あなたがたのようなものすごい人たちに今後もいてもらうために、この組織は何をする必要があるでしょうか？」と尋ねることだ。よく返ってくるのは、仕事量を増やす「代表税」の負担を減らすことという率直な答えだ。企業の多様性を示すために、毎回毎回、同じ人に採用委員会のメンバーを務めさせ、ステークホルダーがやってきたときには目立つ場所に立たせていると、彼らは、仕事と認められていない仕事を同僚よりずっと多くさせられていると感じるようになり、裏目に出ることがある。

誰もが歓迎されていると感じられる職場づくりの方法を要約してほしいと頼まれることがよくある。手短に言えば、まだ知り合いではない優秀な人材を採用し、興味深い仕事を与え、彼らに自社の未来がかかっているかのように投資することだ。昇進するにふさわしいと判断したら、ただちに昇進させよう。待たせてはいけない。得るにふさわしいとあなたにもすでにわかっている職務、肩書、決定権を求めて彼らが競合他社へ行ってしまう前に動こう。そして、徹頭徹尾公正であるために、その労働に対して公平で適切な給料を払おう。

それに加えて、採用され、育成され、昇進し、定着している人のデモグラフィックに厄介なパターンがないか突き詰めて調査しよう。そして、見いだした傾向の根本原因を調べよう。課題と同じで、見かけより複雑かもしれない（月曜日を覚えているだろうか？）。本書ですでに何度かお伝えしたように、私たちはこの手の追跡と分析を大いに信頼している。やることがわかったらやるべし、とよく言われるように、分析結果が出たら動くべし。こういったツールがもたらす説明責任と透明性は、極めて重要になりうるのだ。

そうはいっても、ＤＥＩの分析は、タイミングをよく考えてうまく用いなくてはならない。それらはときに、多様な候補者リストやクオータ制といった、なんとも切れ味の悪い手段を導入せよという意図せぬ圧力を生み出すからだ。そして、真のインクルージョンに必要な条件を生み出すことなく、至るところで不信を招くことがある。* 他の方法と同様、もしこういっ

＊こういった手段は、それ以外の戦略が失敗した場合、より公正な世界に向かって前進するために必要となることもある。アメリカと南アフリカでの公民権運動の歴史を見てみよう。不可欠なものとして義務づけるというやむを得ない手段をとった事例ではあるが、人種差別への対応としては不十分だったことがわかる。

た手段が有効であるなら、用い続ければいい。そうでないのなら、用いるのをやめよう。私たち自身は実際的な傾向として、人事の各段階で「供給側」の機会にほとんどの力を注いでいる。よりインクルーシブな採用、より良い研修とメンタリング、より公正な昇進の機会といったものに力を注ぐ。システムが改善されるわずかな可能性に賭けることなく、結果に対する説明責任を要求することは、従業員にとっても、企業にとっても有効である。

ほとんどの組織では、DEIの取り組みは歓迎に始まり歓迎に終わる。表面上は、悪いことではない。誰もが職場で安全である、歓迎されていると感じられる世界で暮らせるようになることは、根本的に素晴らしい進展である。それでも、インクルージョンの最大の恵み、つまり、圧倒的な優位性の獲得という話がもたらされるのは、インクルージョン・ダイヤルの上のほうまでいったときである。私たちの考えでは、歓迎が正しくおこなわれるよう必死に努力する理由は、「尊重」により近づくため、違いにもかかわらずではなく、独自の能力で貢献するからこそ高く評価される職場に近づくためだ。次に向かうべきはそこなのだ。

状況分析

違いを歓迎する環境をつくる上での障害物と促進剤について理解したら次へ進もう。

自分のチームの独自性を尊重しよう

皆がそれぞれの違いにかかわらず安全と歓迎を感じられるようにできたら、次なるインクルージョンの節目は、チームメイトたちがそれぞれに独自性があるからこそ尊重されていると感じられるようにすることだ。完全に思いつくままに例を選ぶとすれば、ある同僚の経験はここから大転換する可能性がある。貢献し、昇進する可能性は他の人たちと同じくらいある、ある風変わりな同性愛者の四十代の女性から、アンという人間として認められ、高く評価されるようになる可能性があるのだ。

独自性を尊重する組織は、違いこそが、創造性、イノベーション、強さの源だと考える。それは、一部の人たちの貢献の妨げになる可能性があるから気をつけるべきものなどではない。セールスフォース社でイクオリティ（平等）と採用の最高責任者を務めていたトニー・プロフェットは、違いについて次のように言い表している。「認められていると感じ、仲間に入っていると感じ、高く評価されていると感じる」とき、すごい魔法が起きるのだと。プロフェットの考えでは、その経験は、モザイクにも似た競争力のある資産になるという。異なる複雑な要素が一体となって見事な全体を構成するのだ。「生じるのは、美しさ、そしてアイデアの混合だ」（注40）

直観に反して、「尊重」は、安全と歓迎の取り組みで適切な注意を向けるようになっていたあらゆるアイデンティティーの区分を、それほど気にしなくなるダイヤル位置だ。これまではダイヤルの下のほうに位置する組織として、アイデンティティーを気にかけていた。なぜなら、機会と危害が不公平な分布状態を示していた（あるいはより厳密に言えば、機会と危害の分布において、アイデンティティーは説得力のある変数だった）からだ。言い換えれば、それらの区分がやはり何らかの形で仕事の経験に悪影響を与えている場合には、人々を区分に当てはめる必要がある。[*] その必要がなくなってようやく尊重に進める状態になるのだ。

チームが打ち解けた雰囲気だと、人は尊重を感じやすい。そのことは、あなたがおこなった調査で得られた数字にも表れているかもしれない。回答をより詳しく調べてみれば、少数の優秀なマネジャーの周りに尊重を感じている一群があることに気づくだろう。安全の数字について推し進めたのと同じように、無記名でのアンケートをおこなったグループに再び目を向けて、インクルージョン・ダイヤルで上のほうに位置していると感じているすべての人に協力を依頼し、その人たちの経験から学ぶ機会を組織に与えてもらおう。それらの肯定的な事例を見本として、組織で認められ、高く評価され、仲間に入っていると感じる要因が誰に、あるいは何にあるのか、パターンを探そう。見つかったパターンを組織行動の規範、方針、期待に変えよう。素晴らしく優秀なマネジャーたちによって生み出されるパターンのなかでもひときわ目を引くパターン、チームの全員が尊重されていると感じているパターンでは、皆が高い基準を設定すると同時に深い献身を示すことにきっと優れているはずだ。** 彼らは非常に優れたコーチであり、メンターであり、また、チームメイトがその場にいないときには彼らを擁護するという意味で、スポンサーでもある。(注41) 彼らはまた、独自の知識をもたらすことが評価され、期待されている会議で、きっと特有の認識を生み出しているはずだ。ここでいったん立ち止まり、非常に戦術的な手段を用いて、このようなチームのメンバーがどのように感じるかを見てみよう。

『世界最高のリーダーシップ』でインクルージョンについて述べたときにもおこなったのだが、まずは自分が、主に白人から成るチームに属する黒人あるいはヒスパニック系の女性だと想像してみよう。予定されていた会議に、あなたは安全を感じた状態で参加する。会社のチャットツールで何度もデートに誘ってきた男性、やめてほしいと言っても誘い続けてきた人物は、チームから外されている。会議室に入ると、白人の同僚が隣の席に座るよう声を掛けてくれ、あなたは歓迎されていると感じる。チームリーダーである年配の男性が、こう言って会議を始める。「皆からアドバイスをもらえればと思ってね。全員の意見が聴きたいんだ」

＊アメリカでのDEIをめぐる議論における右派と左派についての私たちの見解は、以下のとおり。右派は、「尊重」されているという前提で取り組むべきだ、すなわち、全員に対し個別に対応すべきだと主張し、左派は、まだその段階には達していない、まずは「安全」と「歓迎」の取り組みが必要だと主張している。

＊＊これについては、『世界最高のリーダーシップ』第3章で詳しく述べている。

この時点で、あなたはとてもいい気分だ。くつろいだ気持ちで、いつでも議論に加われる状態である。

会議は続き、どんな計画にすべきか意見はまとまりつつある。（注意が必要なのは、多くの組織はここで勝利を宣言し、アイデアを前に進めることだ）あなたにはまた別のアイデアがあるが、波風を立てたりチームを引きとめたりするのは気が進まない。そのとき、チームリーダーが「それじゃ、この課題をまた別の観点から見た場合、どうなるだろうか？」と言う。いくつか新しい意見が飛び出す。すると、チームリーダーはこう言う。「なるほど！それは思い浮かばなかったな。おかげでわれわれの論理はより厳密なものになる」

リーダーは続けて「他に見逃していることはないだろうか？」と言う。リーダーの応答によって会議室内の力学が変化していき、あなたは自分のアイデアを伝える気になる。同僚たちは敬意をもってそのアイデアについて議論し、あなたがそれまでに気づいていなかったいくつかのリスクを指摘するが、目標達成に向けてやる気にあふれているようだ。ここでリーダーが「そうだな、うまくいかない可能性もあるが、［ここにあなたの名前を入れよう］の大胆なアイデアは素晴らしいと思う。こういった考えかたをする必要があるんだ」と言う。あなたは、自分には違った考えかたができる能力があり、そのために会社から高く評価されているのだと感じ、さらに、チームの一員であることに一片の疑念も抱かずに会議室をあとにする。

誰もがそれぞれの独自の視点、経験、能力を確実に共有できる職場をつくると、実際のところ、こんなことが起こるのだ。私たちは、これを尊重と呼んでいる。尊重される人となり、他の人たちも同じように尊重されるチームを率い、尊重がしっかり根付いた組織、あなたのような個々のリーダーの関与やスキルセットに頼らない組織をつくること。それが次の挑戦だ。

状況分析

同僚たちの独自の貢献を認め、評価することについてさらに自信が深まったら次へ進もう。

組織規模で独自性を無敵の状態にしよう

インクルーシブな組織づくりの最後の未開拓領域は、違いの尊重が組織にしっかり根付いているため、皆が自分の独自性は無敵だと感じられる状態、それぞれの社員、チーム、職務での差がほとんどない状態にすることだ。全面的な帰属感をもたらす活動も、ここまできたらもう引き返せない。ここを超えれば、インクルーシブなマネジャーがいて「幸運だ」と感じることはなくなり、自分とは違う人を誰もが心から大切にするようになる。彼らのもたらす違いが自分たちを向上させるのだという確固たる自信と共に。
別の考えかたをすれば、無敵の状態にするということは、いまやインクルージョンの文化づくりに重点的に取り組めるようになったということだ。（注42）尊重から無敵への取り組みにあたって、インクルージョンを誰よりも実感できていない人も含め、信頼できる同僚たちと集まって、文化を変えることについて火曜日の実験のように意見を出し合おう。これによって、より大きなインクルージョンを培えるようになるはずだ。誠意をもっておこなおう。あなたの賢く、有能で、素晴らしいチームメイトたちは、よりインクルーシブな方法で行動するために何を考えなくてはならないだろうか？　彼らの考えかたにあなたはどんな影響を及ぼせるだろうか？
世界的な製薬会社、ノボノルディスクの社長兼CEOのラース・フルアーガー・ヨルゲンセンにとって、その答えは、インクルージョンの見返りについての確信を皆で共有できるようにすることだった。「経営陣全員に受け入れてもらう必要があったんだ……われわれのビジネスで成功するため、より多様化する未来に適応するためには……様々な種類のリーダーシップ、様々な種類の市場アプローチ、新たな働きかた［を積極的に受け入れる姿勢］が必要になるという［この］信念を」（注43）
ただ、ヨルゲンセンはまた、DEIの取り組みについての否定的な考え、とりわけ、取り残される人がいるかもしれないという懸念を打ち消す重要性も理解していた。「水色のシャツを着たデンマーク人の男性を後回しにするわけではない」とヨルゲンセンは、自身が経験したあるひらめきの瞬間を引き合いに出して、しばしば明言した。そのひらめきの瞬間とは、同社では、世界市場やデモグラフィック区分がますます多様化するなかで競い合う意欲が高まっていたにもかかわらず、経営陣の会議で壇上に立つ誰もが、水色のシャツを着た50歳以上のデンマーク人でストレートの白人男性であることに気づいたときのことだった。「全員に同じ機会を与えるんだ。そうすることで……狭い視野にしがみついて世の中にある多様な機会を見逃すのではなく、全員にとってさらなる機会が生み出される……実際のところ、全員がより強くなるんだ」(注44)

私たちがひらいた会合、インクルージョンに関する意見を出し合う会合のなかで生まれたアイデアには、職場交換(例:リーダーが現場の仕事を1週間経験する)、雇用方針の改善(例:ミグノン・アーリー式に、不採用となった理由について志望者が確実にフィードバックを受けられるようにする)、昇進の基準の変更(例:リーダーの役割に必要とされる条件に、インクルーシブな行動の証明を追加する)などがあった。

例えば、もし自分が地位の高いリーダーとして現場に送られたら、現場の従業員の声は重要であるという判断をきっと下すだろう。もし自分が、不採用となった理由について社内の志望者に対して時間をとり、しっかりフィードバックをおこなうようにと言われたら、自分の仕事には、ただ評価をおこなうだけではなく、育成する役目があるのだときっと考えるだろう。そして、もし自分の昇進の可能性が他者をインクルーシブな状態にする能力にかかっているのなら、このインクルージョンというものが何なのか、きっとよく調べて理解しようとするだろう。* 皆が無敵だと感じられる状態にできたころには、「より良い計画」が「とても良い計画」になる可能性が見えているはずだ。

状況分析

組織規模で皆の自分らしさが無敵の状態になったら次へ進もう。

自分自身も含めよう

今日、多くの人は、尊重や無敵の環境で働けていない。自分たちが取り組んでいる仕事について私たち自身の使命を要約しなくてはならないとしたら、その記述は陳腐なものになるだろう。より詩的にとはいかないまでも、より希望をもって言うならば、私たちは、できるだけ多くの人たちがインクルージョン・ダイヤルの上のほうへと進める力になれればと思っている。より多くの職場でより多くの人たちが真に成功できる世界を築くことができれば、人類はより多くの課題をより素早く解決できるようになるだろう。

その新たな世界の到来を妨げるものには、組織的なものと個人的なものがある。偉大なるアニー・プルーは自身の小説『シッピング・ニュース』のなかで、「人は誰もが変わった部分をもっている。ただ、成長と共に自分たちの違いを隠す方法を身につけるのだ」と述べている。(注45)本当の自分を世界にどこまで見せるのかについて、われわれには行為主体性があるというプルーのメッセージを喜んで受け入れたい。違いを隠しているのが自分であるなら、その違いをさらけ出す力をもつのも自分だ。つまり、本来の自分でいるために、世界がインクルージョンの暗号の解読法を見つけ出すのを待つ必要はないのだ。

自分自身をも含めるにはどうすればいいだろうか？　不完全な状態のなかで、どうやって、そして、いつ自分らしくいるリスクを冒せばいいのだろうか？「本当の自分」でいることは理屈の上では素晴らしく思えるが、いくらかの真実を隠しておこうとする動機、苦労の末に獲得した強力な動機が存在することもある。自分の違いを隠すという決断は、たとえ苦痛を伴うとしても、非常につける人などいない。自分の違いを隠すという決断は、たとえ苦痛を伴うとしても、非常に実際的な方法である場合もあるのだ。同性愛者に対して嫌悪を示す職場、有害なステレオタイプ化を避けるために絶えずことばづかいがチェックされるような職場で正体を隠しておく決断をする場合のように。

＊あなたが昨日取り入れていることを願っているが、こういった実験が新しい考えかたを発展させられるようなら、規模を拡大しよう。そうでないなら、別の方法を試そう。

これが難しいことであり、ときには無理な注文であることはわかっている。そのことは信じてほしい。キャリアのあらゆる段階で、私たちは世界に自分たちらしさをあまりさらさずにいたいという気持ちになった。私たちはたしかに白人だが、疑いなく同性愛者で、自分自身と他者とのために、意見を強くもち、野心を隠さない女性でもある。私たちのうちひとりは、公衆トイレで息を凝らす。自分の性別が誤解されがちだとわかっているためだ。足を踏み入れるほとんどの職場で、こういったことが私たちの違いを浮かび上がらせる。

しかし、これまでに書いてきたように、人とは違う私たちが圧力に屈して本当の自分を隠してしまったら、自分自身のもっとも貴重な部分を押し殺すことになる。まさに世界がもっとも必要とするもの、すなわち私たちの独自性を隠すことになるだけでなく、リーダーシップに関して自分たちを信頼してもらうことが難しくなり、現状維持の継続をもたらす衰退の連鎖が続くことにもなる。自分自身を小さく見せようとすればするほど、人を率いるために必要な場所を占める可能性はより低くなる。

リーダーシップの場所を占めるには意志が必要だ。さらに、自身への根本的な語りかけに疑問をもつ意欲も必要だ。(注46)あなたの脳内のある部分、生存を促す部分は、あなたを立派に守っているが、常に采配を振るうべきではない。ひとつの理由として、長期戦には向かないからだ。脳のその部分が語りかけてくること(「他の人たちからどう思われるかはとても重要だ!」)は、1日を終わりまで乗り切るためのものであって、意義と影響に満ちあふれた人生を終わりまで乗り切るためのものではない。

脳のこの部分をなだめるひとつの方法は、本来の自分を引き出すこつ（お好みで「ブースター」と言ってもらってもいい）を見つけることだ。あなたの複雑な人間性を表面に引き出しやすいものは何かを見つけ出そう。それは、大好きな甥っ子だろうか？　応援しているスポーツチームだろうか？　ワンダーウーマンの豆知識への情熱だろうか？　それらを思い出させるものに囲まれるようにするか、さらにいいのは、自分らしくない自分が顔を出しがちな場所に、どうにかして一緒に連れていく方法を見つけることだ。フランシスは、Ｚｏｏｍの背景に家族の写真を散りばめている。アンは、息子のレゴブロックをいくつかポケットに入れて重要なプレゼンテーションに臨んでいる。

大急ぎでおこなってほしいのは、あなたが本当の自分とつながり続ける力になってくれる人たち、周りの友人や同僚から成るチーム（「チーム・あなたを応援」）をつくることだ。あなたの大胆さと同じようにあなたの自信のなさを受け入れられることを会員資格にしよう。この「チーム」と定期的に、少なくとも月に1度は一緒に時間を過ごそう。（注47）

この章全体をとおして効果的な表現でヒントをお伝えしてきた。ここではっきりと述べよう。われわれ皆がインクルーシブな組織づくりに全面的に責任を負い、それらの組織で本当の自分をさらけ出すことに全面的に責任を負ったなら、「加速する卓越性」への可能性を劇的に高めることになる。つまり、あのインクルージョン・ダイヤルを粉々にすることができるのだ。

状況分析

新たな友人づくりに取り組む決意をしたら次へ進もう。

第4章 木曜日

良い物語を伝えよう

測定方法にもよるが、最大70パーセントの組織改革の取り組みは失敗する。* これは実に厳しい現実なので、今度は気持ちを込めて、もう一度言おう。あなたが今していることを試みる、有能で善意ある人たちの半数以上が、何らかの形で敗北を喫しているのだ。

この統計値をお伝えする理由は、この確率を覆すのに必要なものが、いまやあなたの「とても良い計画」の構成要素に備わっていると信じているからだ。解決すべき課題がわかり、解決するための実用的で証拠に基づいた計画がある。必要とするすべての人が安全で、歓迎され、尊重され、無敵だと感じられる状態にもできた。これらが、組織を動かす基本的な必要条件であり、その組織を動かすことが今日これからおこなうことだ。私たちはよく木曜日を「物語を伝える日」と呼んでいる。

今日の目標は、極めて力強く、極めて明確で説得力のある物語を伝え、あなたの会社のエネルギーを解き放ち、そのエネルギーを改革の方向へと導くことだ。週のはじめにやり遂げた作業をもとに前進し、この組織がなぜ変わらなければならないのかだけでなく、どのように変えていくのか、どんな未来になるのかを生き生きとした具体的なことばで説明しよう。

今日はあなたのことばをつかうことになる。あなたのことばには、組織内の人たちの心構えと信念を形づくり、組織を変えていく力がある。まずはあなたからだ。自分自身に伝える物語、そのなかで生きようと思う物語（さらに、より重要となることが多いのは、そのなかで生きようとは思わない物語）が、あなたの新たな現実における諸条件を決めるだろう。そして、その物語を他のステークホルダーにうまく伝えられたら、あなたの新たな現実は会社規模に拡大していけるようになるはずだ。

偉大な発達心理学者のハワード・ガードナーはこんな言いかたをしている。「物語は、リーダーの武器庫で唯一最強の武器となる」（注1）今日はその武器を用いて、「向こう見ずな破壊」や「確実な管理」、これ以上属していたくないそれ以外の場所にあなたを留めている、ことばの上での縛《いまし》めを解こう。今週、あなたが率いてしかるべきチームにするために、自分自身と同僚を解放するのだ。これらすべてをおこなうためには、良い物語が必要となる。

＊この数値の精度については活発な学術的議論がおこなわれているが、この統計値が私たちの仕事とこれほどまでに共鳴するのは、それが多くの人たちの経験と一致しているからだ。組織改革は難しい。そして、たいていの場合、うまくいかないのだ。

木曜日の行動計画

1. 簡潔に説明するために深く理解する
2. 過去を受け入れる（良い点）
3. 過去を受け入れる（あまり良くない点）
4. 明確で説得力のある改革の使命をもたらす
5. 厳密で楽観的な道筋を示す
6. 物語の断片をまとめる
7. 自分に繰り返し言い聞かせる
8. 自分の感情を見極めて利用する

必要なもの

・創造力
・書いて伝えるための厚紙あるいは他の素材や伝達手段
・良い点もあまり良くない点も含めた組織の歴史へのはっきりとした理解
・同じ物語を何度も繰り返し伝えるといった反復作業への忍耐力
・組織についての様々な記憶と、（できれば）「今のやりかた」への強い執着心をもつ

人に会う機会
・好きな詩、あるいは少なくとも嫌いではない詩（何にすればいいかわからなければ、メアリー・オリバーの作品から1篇選ぼう）

簡潔に説明するために深く理解しよう

私たちが子どもの頃の家では、議論のテーマとして認められていたのは、天気のこと、ペットのこと、そして、どういうわけか、ニュースキャスターでジャーナリストのトム・ブロコウのことだけだった。ことばは慎重に扱うべしということだろう。今にして思えば、私たちがどちらも語り、書くことで生計を立てるようになったのも当然のことだといえる。この規制物質を慎重に取り扱う方法を学んでいたわけだから。

数十年間この世界と対話してきた私たちの基本的見解はこうだ。説得力のあるコミュニケーション、つまり、人の考えかたや行動のしかたを変えるコミュニケーションの基礎となるのは、簡潔に説明できるようにするために深く理解することである。あることについて深く理解していたとしても、専門用語だらけの複雑な説明しかできなければ、その難解な言語を話す一部の人にしか伝わらない。一方で、表面的にしか理解していなければ、荒々しい外の世界、たとえあなたが上司であっても、却下せよという圧力が容赦なくかけられる世界では、そのことばは生き残れないのだ。

改革の物語を伝える目的は、その物語を深くしっかりと理解し、その物語に基づいて行動してもらいたい人たちに簡潔に説明できるようにすることだ。私たちが気に入っている「深く簡潔な改革物語」の例のひとつは、見当違いの方向へ進む寸前だった状態から、業界の主要企業に仲間入りするまでになったTモバイルの復活に拍車をかけた物語だ。Tモバイルはその物語をこれ以上ないほどに理解していたため、たったひとことで伝える方法を見つけた。これまで通信キャリアがおこなってきたビジネスではないという意味で「アンキャリア」というひとことを選んだのだ。

顧客をわかりにくいプランという落とし穴に引きずり込んで、ひそかに手数料をむしり取る（業界標準の「嫌いたければどうぞお好きに」的な行動だ）代わりに、Tモバイルは低料金、明快なプラン、わかりやすい手数料など、無線通信業界がおこなっていなかったあらゆることをおこない、この業界の他社が感じていなかったあらゆることを感じ取る努力をして、「アンキャリア」となった。

立て直しの戦略そのものは簡単ではなかった。そこには数々の不確定要素があった。しかし、Tモバイルは細胞《セルラー》レベルでそのことを理解した。当時、同社で自信満々のCEOだったジョン・レガーは次のように述べている。「「アンキャリア」は姿勢であり、文化であり、行動だった……ばかで横柄で壊れた業界を修復するために、顧客にとってなかなか解決されな

い問題を見つけ出し、解決することだったんだ」（注2）
この業種全体があえて消費者の信頼を損なおうとしているように見えるなか、レガー率いるチームは例の3つの要素を強化して、素早く信頼を構築した。戦略というチェスの序盤で消費者本位を追求することには、明確な「論理」があった。同社の製品イノベーションは、この業界があらゆる人に与えていた苦痛に心からの「共感」を示した。Tモバイルはまた、消費者が歓迎する「真正性」をもって有言実行した。「アンキャリア宣言」で示されたわかりやすい表現からレガー本人の服装に至るまで、その新たな「消費者の味方」という価値観はすべてを伝えた。ちなみに、レガーの服装は、当時の企業のCEOが第一歩を踏み出すときの定番、スーツに色鮮やかなTシャツ、スニーカーという組み合わせだった。
Tモバイルはまた、「アンキャリア」ということばまで生み出し、同社の構想の大胆さを際立たせている。このことばは、ルイス・キャロル級の斬新さだ。ここで、今日の必要なもののリストにあった詩のことを思い出してほしい。* 今こそ、そのほこりを払って朗読するときだ（詩は声に出して読まれるべきものである）。さらに踏み込んで、社内の語り手仲間と朗

＊叙事詩『ジャバウォッキー』で、キャロルは英語と完全な創作言語とを組み合わせて「chortle（訳注：chuckle と snort の混成語、得意げな高笑いの意」、「galumphing（訳注：gallop と triumph の混成語、祝うような足取りの意」、「frumious（個人的なお気に入りだ）（訳注：fuming と furious の混成語、頭から湯気を立てて激怒するの意）」などのことばを生み出してくれた。

読会をひらくのもいいだろう。心を動かされたことばを皆に共有してもらおう。意図をもって練り上げられたことばの響きの違いによく耳を傾けよう。

一緒に築いていきたい世界について、あなたは同僚に何を語るだろうか？　それを1ページで表現できるだろうか？　1段落では？　ひとことでは？　マーク・トウェインはかつて、長い手紙を書いたことをわびている。短い手紙を書く時間がなかったのだと説明して。ステークホルダーに向けて、短い手紙に匹敵するものを書こう。それには、さらなる時間が必要になるかもしれない。

状況分析

伝えたい改革の物語について深く理解したら次へ進もう。

過去を受け入れよう（良い点）

ひとまず今のところは、物語をいくつかの異なる部分に分割しよう。まずは、過去を振り返ることから始めてみてほしい。直観には反するように思えるかもしれないが（変化とは未来を見つめることなので）。自社の歴史に敬意を払い、変えたくないすべてのことについてじっくり考えてみよう。あらゆる良い点をはじめとして、あなたが組織についてわかっている、真に理解していることを私たちに納得させられないかぎり、あなたの改革列車に乗り込んでくれる人などいないというのが現実だ。

実際的な方法で見てみよう。改革に抵抗する自薦の門番たちというのは、常にいるものだ。常に、いつでも、どんなときでも。彼らは概して善良な人たちで、組織についてのこれまでの様々な記憶をもち、組織を心から気にかけ、あなたが企てているあれやこれやの変化のなかで失われる可能性のあるものについて誰よりも心配している人たちだ。こうした門番たちについてきてもらうには、そして、誰の心のなかにもある、不確実性を嫌がるパーツ（またまた、どうも、ディックおじさん！）を安心させるには、会社の良い部分は維持するということを明らかにすることだ。改革は間違いなく論理的に意味を成すことではあるかもしれないが、それによって影響を受ける人たちにとっては、不安になる破壊的な出来事にもなりうる。その途中で、勝ち組と負け組が生じる可能性も高い。その懸念への理解を示そう。思いを分かち合うことはなくとも、理解しよう。実際のところ、今週は少なくとも1人の門番に近くにいてもらおう。そうすれば、その懸念を間近で感じられる。自分自身で目にし、感じられれば、より受け入れやすくなるはずだ。

大規模な改革の取り組みに乗り出す組織を対象としたある研究によれば、従業員は、自分たちが大事にし、一体感をもっていた会社ではなくなってしまうことを恐れていた。さらに、その改革を取り巻く不確実性が高ければ高いほど、より多くの従業員が、自分たちが大切に思う組織の独自性が失われることを心配していたという重要な発見があったという。（注3）研究者たちは、リーダーがそれを維持することも強調した場合、改革への支援をより効果的に確立できたことを確認している。

変えたいと思うことについ目が向きがちになるが、そうすると、変えたくないと心から思っていることを伝える機会を逃してしまう。こういった自ら招く怪我は、回避できる可能性が非常に高い。なぜなら、組織について維持したいと思う部分は常にあるからだ。そうでなければ、そもそもあなたはこの取り組みをおこなってはいないはずだ。

ダラ・コスロシャヒは、ウーバーの新ＣＥＯとして初めての対話集会をひらいたとき、同社の周知の過失を強調し、自身をウーバーの救世主に仕立て上げたくなったのではないだろうか。ところが、彼はそうはせず、「ウーバーらしい自然児のような力強さは保ち続ける」と約束し、従業員から拍手喝采を浴びることとなった。コスロシャヒはまた、同社の前ＣＥＯ、トラビス・カラニックへのスタンディングオベーションにも加わった。

今この瞬間、私たちはコスロシャヒの品位ある態度に感銘を受けている。これこそ、あなたに関心を向けてもらいたいことばだ。あなたの大きな計画にそこまで確信をもてずにいる人たち、懐疑的な人、抵抗する人、単に怯えている人たちに、品位ある態度を示そう。心のなかに、さらに、物語のなかに、そういった人たちの居場所をつくろう。そうすることで、彼らがしがみついている可能性のある過去を受け入れることになるのだ。

状況分析

組織について維持したいことがわかったら次へ進もう。

過去を受け入れよう(あまり良くない点)

週をとおしてお伝えしていることだが、改めて思い出してもらいたい。あなたの会社がある特定のステークホルダーとの信頼に「揺らぎ」を抱えている場合、まずはその信頼を再構築しなければ、先へ進む資格は得られない。例えば、スーザン・ファウラーの勇気あるブログ投稿に気持ちを駆り立てられたコスロシャヒは、ウーバーの良い点を保ち続けるという約束と、文化を大きく変える取り組みをおこなうという誓いを組み合わせた。*

この取り組みもまた、物語を伝える上での知識を与えてくれるはずだ。より大規模なインクルージョンを実現するための多くの活動で、ウーバーのように、公の場での組織の過去の

＊2017年2月、ウーバーを退社したファウラーは、同社の文化を「無慈悲」というもっともなことばで表現し、その文化のなかで受けたハラスメントと差別の経験についてブログに書いた。この投稿はテック業界で働く女性たちから大きな反響を呼び、シリコンバレーにおけるセクシャルハラスメントへの激しい反発の引き金となった。

清算が必要となる。２０１４年1月、ハーバード・ビジネススクールの学長、ニティン・ノーリアは、同校の女性が「学校から軽視され、疎外され、愛されていない」と感じていたことを認める異例の発言のなかで、同校の歴史的な女性への扱いに関して謝罪した。「本校は、あなたがたにとって良い環境をつくれていませんでした。しかし、今後はより良い環境にすることをお約束します」ノーリアはそうはっきりと述べた。（注4）

この発言は、女性の卒業生たちのあいだであっという間に広まった。私たちにとっても個人的に大きな意味をもつ発言だった。どうすれば組織はつらい過去の傷を癒せるかと問われると、ノーリアの品位にあふれた発言を例としてよく取り上げる。経験から言って、多くのリーダーはそれぞれの組織の歴史に楽観主義と誠実さで向き合う必要がある。楽観主義というのは、より良い明日を築くこと、本書全体をとおして述べている謙虚さと意欲といったもので組織の課題を解決することだ。誠実さというのは、間違った方向へ進んだことや、それらの過ちによって生じた人的損失に対して、徹底的に責任を取ることだ。

ライアットゲームズ社は、亀裂の生じた性差別的な文化だという公的な申し立てに対応した際、この選択をおこなった。申し立てが表面化してから数日後、同社ははっきりとした謝罪文を自社のウェブサイトに掲載した。「失望させてしまったすべてのかたがたへ」ということばで始まった謝罪文は次のように続いた。「申し訳ありません。ライアットが、あなたがたにお約束したような場所ではない場合があった、あるいは、そのような場所ではなかったことを申し訳なく思います。また、あなたがたの声を受けとめるのにこんなにも時間がかかってしまったことを申し訳なく思っています」(注5)私たちは、つらい過去に対して曖昧さの一切ない全面的な責任の取りかたの一例として、この文書をよく引き合いに出す。ライアットの率直な謝罪は、歴史的な過失への対応を求められている多くの企業の本能に逆らうものだ。データエンジニアのフランシス・ホーゲンが、もっとも弱い立場にあるユーザーを守るためにより熱心に取り組むようメタに訴えた際、同社の最初の対応は、厳密に立証された害を認めるのではなく、むしろ使者としての彼女の信用をひそかに傷つけることだった(ご苦労なことだ)。(注6)私たちの見かたによれば、この試合の勝者はホーゲンだ。同社への不満の高まり、株価の下落、規制当局の監視の強化を引き起こしたのだから。(注7)注目すべきは、ホーゲンがすべてを焼き尽くす焦土作戦的な方法を取らなかったことだ。ホーゲンはメタに素早く動いて信頼を再構築するよう促したが、同社はそれを拒否したようだ。対照的に、ライアットは受け入れた。

このプロセスを進めるにあたって、何もかもをわかっている必要はない。必要なのは、ひるむことなく過去を見つめ、その解決に向けた取り組みを始める覚悟だ。ライアットがその文書の結びで、これから先何週間も、何か月も、何年も「ライアットを皆が誇りに思える場所にする」と誓ったとき、同社には細かいところまで整ったうまくいく計画があったわけではない。わかっていたのは、計画が必要だということだった。

状況分析

組織が及ぼした（今も及ぼし続けている可能性のある）害に立ち向かう覚悟ができたら次へ進もう。

明確で説得力のある改革の使命をもたらそう

あなたのメッセージに対して、たとえわずかだとしても聴衆が心をひらいてくれた今、皆が知りたがっていること、なぜこの組織は変わらなくてはならないのかという明確で説得力のある理由を伝えよう。この部分は、3部構成となるあなたの物語のなかの第2部だ。過去の良い点も、悪い点も、醜悪な点も受け入れたあなたは、異なる未来をつくる強力な論理的根拠を示すことになる。

出発点として、月曜日におこなった診断作業を振り返ってみよう。どんな課題が見つかっただろうか？　その課題は組織にどんな脅威を与えるだろうか？　その答えは、例の「構築マップ」のマスを移動するために、従業員にとってなじみの考えかたや言動の快適さを乗り越えるために、組織の行動を強く促すものでなければならない。この旅で直面する試練のなかには、「カンターの法則」と呼ばれるものがある。「途中では、あらゆることが失敗に思える」という考えかただ。（注8）旅の仲間には、この旅を進めるもっともな理由が必要になる。これこそあなたがこれから明確に伝えるべきことだ。

ドミノ・ピザのCEO、パトリック・ドイルが、売り上げの落ち込みや意気消沈するような株価に対応するため、同社の改革に着手した際には、同社の企業構造にすっかり定着していた倦怠感を払拭する必要があった。ドミノ・ピザは世界でも特に大手の食品ブランドで、記録的な速さでピザを届けるという積極的な約束を（文字どおり）実行《デリバー》していた。では、問題は？　当時、ある記者が指摘したとおり、「注文したからには、食べなくてはならない」ということだった。実際に、消費者はドミノのピザはまずすぎると決めつけていたため、食べたピザがドミノ・ピザのものだったとわかると、美味しさが半減したように感じていたという。（注9）

ドイルと彼のチーム――チームを率いたのは、最高マーケティング責任者のラッセル・ワイナー（その後、CEOにまで昇進した）*――は、顧客の不満に大きなまぶしいスポットライトを当てて問題を明るみに出し、システムに衝撃を与えることにした。顧客からの厳しく批判的なフィードバックを確認し、それを広告として全米放送で、またニューヨーク市のタイムズスクエアにある無検閲の巨大なデジタル広告看板で共有した。アメリカでもっとも華

＊素早く動き、信頼を構築することには、昇進率の高まりを含め数多くの副次的影響があることを明かしておくべきだろう。

やかな都市の広場で、「こんなにお粗末なピザを食べたのは初めて」だとか「ボール紙みたいな味」だとかいったコメントが巨大な文字で、リアルタイムで流れたのだ。

このチームがありきたりな動きをした場合、市場の否定的な論評を軽視し、自分たちを正当化して、「確実な管理」に留まったまま課題に黙々と少しずつ取り組んでいたことだろう。ところが、彼らは改革が必要な理由をはっきりと鮮やかにステークホルダーに示すことによって、「加速する卓越性」への動きに拍車をかけたのだ。これでドミノ・ピザは課題を抱えているという事実から逃げられなくなった、あるいは、その課題に全面的に責任を負う覚悟ができたということだ。ワイナーによれば、「ピザについてあんなふうに言うことで、橋を爆破したわけさ。そうすることで、改革のメッセージはより一層強力なものになった。うまくいかなかったら、逃げ場はないんだからね。後戻りはなしだ」(注10、11)

ドミノ・ピザは、まずいピザだと気づいたことを、顧客を含めたあらゆる人に伝えることによって、行動を起こすよう組織を駆り立てた(この取り組みは「ピザ改革」と呼ばれた。まさしく「深く簡潔」な名前だ)。消費者をごまかそうとするのではなく、消費者に率直に話すことで、同社は真正性のある力強いメッセージを送ったのだ。フィードバックを(文字どおり)広告看板品質のコピーにまで高めたことで、市場を直接的に関与させることにもなった。顧客はこの活動で、真実を話すもっとも重要な役割を、さらには、この先どうなるかに注目する理由を与えられた。顧客はもはやドミノ・ピザがあらゆる作業をおこなうのを待つ傍観者ではなく、共同で課題を解決する協力者となったのだ。*

それからどうなったかというと、皆にとって良い状態になった。ドミノ・ピザの味はずっと良くなり、市場はすぐに肯定的な反応を示した。「ピザ改革」が始まってから1年も経たないうちに既存店売上高は10パーセント以上増加し、同社の株価は急上昇したのだ。

状況分析

明確で説得力のあることばで組織改革が必要な理由を説明できるようになったら次へ進もう。

厳密で楽観的な道筋を示そう

さて、ここからはあなたの改革物語の第3部、組織がどのように変わっていくかの説明だ。緊張が解けてきたこの辺でいよいよ明らかにし、組織の課題を解決するための「とても良い

*これまでは給料をもらう側である従業員だけのものだった経営上の様々な役割を顧客が担う傾向が高まっているなかで、これは良い例である。自分の経営計画について考える際には、顧客を価値創造プロセスにおける潜在的な参加者と考え、除外しないようにしよう。

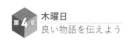

計画」について皆に知ってもらうのだ。火曜日と水曜日におこなった作業の成果を用いて物語のこの部分に動機をもたらそう。未来への道のりを示す、どんなことがわかっただろうか？　正しい方向へ進んでいると確信できる理由は何だろうか？　その道を突き進めるという自信はどれほどあるだろうか？

これらにきちんと答えを出すには、厳密さと楽観という2つの重要なメッセージを送るのがいいだろう。厳密さについては、組織の信頼を支える3本柱のうち「論理」の柱を強化するきっかけにしよう。改革戦略やそれを実行する事業計画について何もかも話すのだ。ここで注意してほしいのは、「向こう見ずな破壊」の位置にいる人たちは、この部分を飛ばしてステークホルダーにとにかく自分を信頼してほしいと呼びかけようとする可能性があることだ。端的に言って、信頼はされない。力のある役員や優秀な従業員といった、自分の傍にいてほしい人たちから信頼されることはない。自分の論理を深い部分までさらけ出して彼らの論理に訴えよう。

ここではデータが味方となるので、それらの数値を使いこなせるようにしておこう。あらゆるデータによく目をとおしてから、いくつかを物語のここぞという箇所で利用しよう。データと物語に関していえば、少なければ少ないほど効果的だ。デンマークの企業、オーステッドが、高齢化した保守的な電力会社から、再生可能エネルギーを提供する世界大手の企業へと（驚くべき大転換だ）記録的な速さで自社の改革をおこなった際、経営陣はチームに、唯一の比率、85パーセントに重点的に取り組むよう指示した。エネルギーの85パーセントを化石燃料から生み出すという、何十年もそのビジネスを定義づけていた割合、その数字をひっくり返そうとしたのである。つまり、そう遠くない将来、オーステッドのエネルギーの85パーセントを、風力や太陽光といった持続可能なエネルギー源から生じるものにするということだ。(注12)

チームはこの改革計画を「85／15」と名付け、同社が戦略的に公開した厳然たる事実（気候変動、化石資源の必然的な枯渇）に、大胆さ、さらには、そう、厳密さをもって取り組んだ。元ＣＥＯのヘンリク・ポールセンは、当初は懐疑的だった従業員がついてきてくれたのは、この厳密さの部分があったおかげだとしている。「まず長期的なビジョンを設定し、それを戦略的なビジネスの大望と、そこへ至るまでの具体的な目標へとつなげた。そこからさらに、各従業員がその後1年間にやるべきことへと遡っていくことにしたんだ」(注13)「85／15」の大望を前提として、オーステッドは改革の目標期間を1世代、つまり、約30年とした。結果的に、同社は予定より21年も早く、9年で目標を達成することとなった。

さて、次は楽観の部分だ。木曜日まで進んでいるのであれば、あなたは会社の未来を信じているということだから、ぜひその確信をステークホルダーに存分にアピールしていこう。よく知られているように、ジェフ・ベゾスは自身のチームに、新たなアイデアを提案する場合には、しっかりと構成された6ページのメモで自分の主張を厳密に説明するよう求めている。また、これはあまり知られていないが、それらのメモを想像上のプレスリリースと組み合わせることも求めている。ひとつには、提案者に心からの熱意があるかを確認するためだ。（注14）あなたが組織のなかでどんな地位にあるかにかかわらず、現時点で重要な任務のひとつは、改革福音伝道責任者（CCE）となることだ。自薦の地位であるCCEの唯一の重要な責務は、改革推進派に宗旨変えするよう従業員に働きかけることである。楽観は伝染性の高い感情なので、改宗を勧める際のもっとも効果的な手段となる。

アメリカの従業員で、自分たちが組織の未来に対して熱意を持てるような姿勢をリーダーは示しているかという問いに、非常にそう思うと回答したのは、たったの15パーセントだった。（注15）経験上、この驚くべき統計値は、比較的簡単に修正できる凡ミスである。さあ、厳密で楽観的な道筋を示そう。

状況分析

改革の計画について皆に自信を与えるような説明ができたら次へ進もう。

物語の断片をまとめよう

前出の調査から、われら人間を指導し、やる気を起こさせ、気持ちを通じ合わせるのにもっとも効果的な方法が物語であることは歴然としている。われわれは物語を用いて、この世界とそのなかでの自分たちの居場所について理解する。人類学者のメアリー・キャサリン・ベイトソンがかつて結論付けたように「人類は例えを用いて思考し、物語をとおして学習する」のだ。(注16)生物学とまで格闘せずとも、やることは盛りだくさんなのだから、とにかく良い物語を伝えよう。

ゼロックスのCEO、アーシュラ・バーンズは、製造からサービスへの大転換をおこなうことによって、同社を競争の激しい荒野へと連れ出した。物語は、バーンズが改革をおこなった在職期間中、その考えを広めるための手段だった。「私が学んだことのひとつは、物語が重要であり、コミュニケーションが重要であり、物事を文脈に照らして考えることが重要であるということです」とバーンズは述べている。(注17)計り知れないほどの時間を費やして世界中のステークホルダーと会い、大改革こそが前に進む唯一の方法であること、そして、その向こうにはより良いゼロックスが存在するのだということをバーンズははっきりと示した。「皆に今現在の状況を語り、これを乗り切ったらどうなるかについてのビジョンとアイデアを提供することによって、希望を与えることが基本です。皆についてきてもらうには、それが基礎となるのです」(注18)

バーンズをお手本に、過去を受け入れ、改革の使命を明確に説明し、未来への厳密で楽観的なビジョンを提供するという方法で、あなた自身の改革の物語をまとめよう。まずは、物語を簡素な3部構成にして、文字どおり書き出そう。各章の見出しには「古き良き時代」、「改革の使命」、「楽観的な道筋」を用いてみよう。[*] この構造にぴったりとははまらないかもしれないが、まずは私たちの方法を試してみてほしい。このエクササイズから何か有益なものが得られるはずだ。

もし実行可能であれば、このエクササイズをチームとおこない（詩の朗読会後のいい機会だ）、書いたものをそのグループ以外の人たちにも読んでもらって、より良い物語にしよう。いつものことながら、ここでも潜在資源としての顧客を除外しないこと。信頼できる顧客に意見を求めよう。あるいは、ドミノ・ピザの感化を受けて、彼らの実際のことばを物語に取り入れよう。市場力学の変化は、改革の強力なきっかけとなることが多い。顧客はその変化を伝えてくれる素晴らしい使者である可能性もあるのだ。

それから、ことば（あるいは、時折の数字）に限定する必要もない。ヤン・カールソンは、スカンジナビア航空（ＳＡＳ）の再建、依然としてビジネス史に名を残す大成功を収めた再建を率いた際、イラストの入った小さな漫画風の本を配布した。飛行機のキャラクターが用いられ、ビジネス旅行者を喜ばせることに照準を合わせた市場志向型戦略への方向転換が説明されている本だ。図4-1は、この本から抜粋した私たちの好きな1ページだ。1機の悲しげな飛行機と散りばめられたことばが、カールソンの改革の使命を伝えている。カールソンの年上の同僚は、ＳＡＳのインテリ従業員は、こんな読み物には見向きもしないだろうと思い込んでいたが、結果は正反対だった。この本は、改革の荒波を航海する同社を導く輝く北極星として受け入れられたのだ。（注19）

デジタル通信の時代にあって書籍の妥当性を疑問に思うのであれば、モモフクの30代CEO、先見の明のあるマルグリット・ザバー・マリスカルを紹介しよう。モモフクは最先端のレストランと小売のチェーンで、コロナウイルス感染症の大流行の混乱のなかでも成長を続けた企業だ。（注20）同社の従業員が1000人に達した時点で、マリスカルはポケットサイズの素敵なデザインの「ガイドブック」の作成を依頼した。この規模になると、もう同社の過去、現在、未来を捉えた物語を個別に直接伝えるという手段に頼ることはできなかった。洗い場担当者から副料理長、さらに経営トップまですべての従業員がこのガイドブックを1冊もっている。（注21）

ことば、漫画、絵、数字など、必要とあればどんなものでも用いて改革の物語に命を吹き込もう。このエクササイズに、ためらうことなく内なる8歳児を招き入れよう。このプロセスでは、実際に手を動かし、楽しみ、思いがけないことも受け入れよう。ある大手多国籍企

＊ところで、もし「古き良き時代」がそこまで良いものではなかったとしても、やはり組織がおこなった正しいことについて受け入れる努力をしてみてほしい。すべてを焼き尽くすつもりでいる人なら、そもそもこの本を読んではいないはずだ。ということは、認め、維持するに値する何かがあるに違いない。良い点がわずかであったり、誰かを除外するものであったりする場合は、この部分を「改革の使命」の章に入れよう。

図4-1 SAS機は悲しんでいる

急な悪天候に見舞われて……

出典：Jan Carlzon, Let's get in there and fight! (Scandinavian Airlines System, 1981), https://www.slideshare.net/karina_nik/lets-get-in-there-and-fight-by-jan-carlzon-sas-eng-only.

業でこのエクササイズを一緒におこなった際、幹部チームは、何年もそのままだった戦略的な行き詰まりを突破した。ある参加者は大きな声でこう言った。「30分で3年間を救ったぞ！」ここでは気前よく、これを自力でおこなうあなたに丸々1日を差し上げよう。

状況分析

組織の過去、現在、未来について心に響く物語を伝えられるようになったら次へ進もう。

自分に繰り返し言い聞かせよう

さあ、あなたが話をするあらゆる場面で改革の物語を伝えよう。講演、取材、対話集会、チームでの打ち合わせ、1対1の会話など、あらゆる場面で。語り部としての才能を生かすのはいいが、そこで終わりにしないこと。安全地帯の外に出て、異なる形式や媒体を試してみよう。例えば、うまく編集された質の高い動画が今では簡単につくれる。ただ、これが不思議なことに、改革のリーダーシップの手段としては十分に活用されないままなのだ（ＴｉｋＴｏｋの人気が急上昇しているのは目にしているというのに）。どの従業員のポケットにも入っている携帯型の画面に登場して、素晴らしい改革の物語を直接的に語らず間接的に示してみよう。

あなたの行動計画のこの部分の見出しはこうだ。改革のリーダーには、本人が必要だと思うよりずっと多くのコミュニケーションが必要となる。自信をもって与えられる助言として、あなたがおこなっていることが何であれ、それは十分ではないとお伝えしておく。経験上、あなたは戦略的なコミュニケーションの頻度を2倍から3倍増やす必要があるだろう。

他にもやらなければならない重要なことがあるのに、なぜわざわざそんなことを？　とお思いだろう。なぜなら、頻繁なコミュニケーションによって、相手の不安な気持ちを落ち着かせ、忙しく注意散漫な人間にも物語がしっかりと理解されるようになるからだ。彼ら自身のとるべき行動が確実に伝わるまでに理解されるようになるからなのだ。これこそが改革のリーダーシップの主目標である。あなたが不在であっても他の人たちが成功できるようにするのだ。詳しくは明日見ていくが、不在のリーダーシップは組織のスピードにとって必要不可欠だ。なぜなら、それによって、あなたが進行を妨げることはなくなり、あなたという監督がいないときにも他の人たちが全力疾走できるようエンパワーすることになるからだ。結局のところ、反復はエンパワメントの基礎なのだ。

フォードの元CEO、アラン・ムラーリーは、絶えず自身の「ワン・フォード」改革計画について話した。自身がひらいたどの会議でもまずはこの計画の見直しから始め、財布のポケットに収まるサイズのカードに計画内容を記したものをフォードの全従業員に配った。

フォードでのムラーリーの経営についての本を執筆したブライス・ホフマンは、「6か月もすると、私たちのように同社を追っていた者は［それを］すっかり聞き飽きてしまったよ」と言っている。ある取材でホフマンがムラーリーに「何か新しい話題」はないかと尋ねると、ムラーリーは、まるで正気を失ったかとでも言いたげな目をホフマンに向けて「おいおい、ブライス、この計画はまだ途中の段階なんだ。目標を達成してもいないのに、いったいなんでまた別の計画が必要になるっていうんだい？」と、信じがたいという口調で言った。(注22) そのムラーリーの執拗さは報われた。4年と経たないうちに、彼はフォードを倒産寸前の状態から引き戻し、世界有数の高収益自動車メーカーの座へと導いたのだ。

私たちの同僚セダール・ニーリーとポール・レオナルディ率いる研究チームは、ムラーリーの直観が正しいことを立証した。6つの企業のリーダーたちを250時間以上も追いかけ、彼らがおこなったあらゆるコミュニケーションを記録した結果、それらを意識的に過剰におこなっていたリーダーは、プロジェクトをより速く、より円滑に進めたことがわかった。この研究を振り返ったレオナルディは、次のように述べた。「コミュニケーション上手の秘訣は明確さだと信じ込まされてきたが……［実際には］自分の存在を相手に感じさせることなんだ。従業員は様々な方向へ導かれ、大勢の人に報告し、大量のコミュニケーションをとるようになる。問題を常に意識する方法は？　繰り返すことさ」(注23)

ハブスポット社の創業者であるダーメッシュ・シャアはこんなふうに言っている。「起業家として20年以上経って、ようやく繰り返しの力を認めるようになった。ただ、それでも自分にとってはいまだに落ち着かないものだけれどね」落ち着かなさは、しかし、自分が正しい方向に進んでいるという信頼できる合図なのだとシャアは述べている。「不自然だと感じるのが自然なんだ。不自然でも、大いに必要なものだ」（注24）今日のあなたの成功のひとつの尺度となる質問。自分の話を聞き飽きているだろうか？

状況分析

自分の改革の物語を聞き飽きたら次へ進もう。

自分の感情を見極めて利用しよう

感情についての話をして、この1日を終えよう。感情は、改革のリーダーシップにおいてあまり取り上げられない、あるいは、少なくとも論じられることの少ない要素である。（私たちお気に入りの、人前で示す感情をまとめたものについては、「職場で過小評価されている10の感情」を参照のこと）われわれは進化の過程でお互いの感情に、とりわけ自分より力のある人たちの感情に細心の注意を払うことを学んだ。こういった無意識の身体的な警戒は、リーダーにとって役に立つものでもあり、不利になるものでもある。前に説明したように、楽観は伝染性の高い感情なのだが、不安もまたそうなのだ。

感謝は、職場で解放する価値のある感情だと確信をもって言える。ペプシコの伝説のCEO、インドラ・ヌーイは、幹部チームの両親に宛てて、彼らの子供という恵みをペプシコに分け与えてくれたことを感謝する手紙を送るのを常としていた。ヌーイは年に400通を超える手紙を書き、並外れて良い結果をもたらした。ここで立ち止まって、あなた自身の会社でこのようなことがあった場合の影響を想像してみてほしい。誰もが会社に貢献しようという気持ちで出社するようになるのではないだろうか？　ヌーイの幹部たちの何人かは――その全員が素晴らしい実績を上げている――これまでの人生で最高の出来事だったと公表している。（注25）

心の知能指数《EQ》という考えかたを構築したダニエル・ゴールマンなら、ヌーイの手紙を「原始的なリーダーシップ」の一例だと言うだろう。ゴールマンはこの現象をこんなふうに説明している。「リーダーの気分は、まさに文字どおり感染性が高く、ビジネス全体に容赦なく急速に広がる……オフィス、役員室、作業現場でも同じことが言える。集団のメンバーは否応なく互いの感情に「感染」するのだ」（注26）好むと好まざるとにかかわらず、リーダーになったら最後、あなたが何を感じているにしても、その感情の送信機能を切るという選択肢はないのだ。

例のウイルスが大流行しだした頃に、組織はこれについてかなりの訓練を積んだ。ハーバードのある研究チームは、危機的な状況にあるこの瞬間のリーダーシップからコミュニケーションの教訓を把握しようと、ウイルスによって激変した組織に属する1000人を超える従業員に評価アンケートを送った。ひとつの重要な発見は、リーダーが表に出す感情によって従業員の認識が大きく変わることだった。実際のところ、従業員の会社への関与を深めもすれば帳消しにもするほど非常に重要なものだった。ある回答者は、「[リーダーからの]電話で、会社はあなたたちを守るという、こちらを安心させてくれることばがあり、勇気づけられました。自分たちは今も雇用されたままだということ、状況が厳しくなったときでも働きたいと思えるのはこういう会社だということを皆に知ってもらおうと、SNSで謙虚さを装った自慢話をしてしまったほどです」と述べている。（注27）

自己認識は、自分の感情という「楽器」をうまく奏で、感情によって改革の物語が妨害されるのを防ぐための鍵だ。自分の感情を受けとめ、それらを行動に組み込むこともまた、信頼を築き、真正性を強化する機会になる。逆のことをおこなうと、つまり、感じていることを抑えようとしたり否定しようとしたりすると、真正性からはかけ離れていることが簡単にばれる。あなたが自分の感じていることとうまく付き合えるように、目標を達成できるように、職場でもっと敬意を払われるべき10の感情をリストにした。

直観的には理解しがたいが、感情をコントロールする達人は、ときに周りから何もしていないように見られることもある。このレベルに達するには、エイブラハム・リンカーンからリーダーシップの教えを受けることになる。私たちの同僚のナンシー・コーエンが、危機のときのリーダーシップという興味深い研究のなかで取り上げているように、リンカーンは、直ちに行動を起こすことを我慢することができた。明らかに危機的状況にあり、何かせよ、何でもいいから行動せよという途方もない圧力にさらされていてもそうだった。コーエンは次のように記述している。「自身が経験する白熱の瞬間、われわれの大半の時間と関心は、即座に反応することに集中的に向けられる。何もしないことが最善である可能性についてなど、ほとんど想像もできないように思える」(注33) それでも歴史は、それが正しい手段である場合もあると示唆している。反応時間を遅らせることで、組織としてより速く進めるようになることもある。とりわけ、それが今日の話題である凡ミスを防ぐのに役立つ場合には。

状況分析

素晴らしい改革の物語を伝える準備ができたら次へ進もう。

職場で過小評価されている10の感情

ほとんどの場合、感情はオフィスで過小評価されているようだ。私たちのように、ある程度の年齢の女性であれば、「感情」のように厄介なものを引き連れて職場に行ってはいけないと自分を戒めているかもしれない。また、私たちがよく間違われるように、ある程度の年齢の男性であれば、感情の欠如とでもいった対応をすることで見返りがあるかもしれない。(注28)こういった教訓が重なり合って、機会を逃すことになる。感情は、説得したり、影響を与えたりするための強力な手段となる。それに加えて、人間性の基礎ともなる。他の人間と一緒にいるときに役立つのだ。さらには、周囲の状況についての重要なデータを与えてくれるものでもある。ポイントは、言うまでもなく、自分の感情に気づき、それらに脳の制御システムを乗っ取られることなく活用することだ。この点を説明するために、職場で過小評価されている、私たちお気に入りの感情を紹介したい。厳密に言えば、すべてが感情というわけではないのだが、言いたいことは伝わるはずだ。

1. 苛立ち

桁違いの連続起業家ポール・イングリッシュは、自身の画期的なアイデアのどれもこれもに苛立ちを活用した。メタ検索エンジンの「カヤック」もそのひとつだ。最適な航空便を見つけるため、航空会社のウェブサイトを転々とすることにどれほどの時間がかかったに唖然とした彼は、その苛立ちをカヤックを立ち上げる方向に向けたのだ。(注29)イングリッシュがＭＢＡプログラムの客員講師を務めるときには、苛立たしく思うものの絵をクラスに持参するよう学生に求めている。たいていの場合、授業のどこかの時点でビジネスの合理的なアイデアが生まれている。

2. 後悔

苛立ちの変化形である後悔は、主に自己と他者の境界線上に現れる。例えば、同僚に対して軽率な発言をしたことを後悔する。あるいは、「あること」が変化をもたらしたであろう瞬間に、「あること」を言えなかったことを後悔する。後悔と向き合うのは気まずいものだが、それはしばしば、次回の対処法を示してくれる。それはまた、後片づけの必要がありそうなものについての手がかりを与えてもくれる。あなたが3日前の発言をまだ後悔しているのなら、それは謝罪の必要があるかもしれないという、かなりはっきりした合図だ。

3. 熱狂

海外の読者は驚かれるかもしれないが、アメリカ人でさえ、職場であまりにも熱狂的にふるまうのはよくないと考えている。実際、私たちのうちひとりは、かつて「わくわくする」ということばを女性は決してつかってはならないと忠告されたことがある。手に負えないほど露骨に女性的な自制心のなさを連想させるから、というわけだ。そうしたければ別の名前で呼んでも構わないが、有能な改革のリーダーは自身が築く世界について熱心に説き、ことあるごとに熱狂ぶりを示すということを忘れないでほしい。

4. 献身

人間は、高い基準が設定され、深い献身が示されるなかで目標を達成する。献身は、他者の成功への力強く堂々とした関与として定義づけられる。人はしばしば、高い基準の部分を献身が何らかの形で妨げるという誤った思い込みに基づいて、十分な献身を示すのをためらうことがある。しかし、はっきり言って、その思い込みは間違っている。だから、どれほどその基準をクリアしてほしいと思っているかを同僚にははっきりと示そう。*

5. 幸せ

トニー・シェイ——ご冥福をお祈りいたします——は、従業員、顧客、サプライヤーの幸せを基盤として靴帝国のザッポス社を築き、弾ける喜びが仕事にもたらす力のすべてを示してくれた。それにもかかわらず、われわれはいまだに職場で、あまりにも高すぎる確率でお互いを惨めな気持ちにさせている。シェイが残してくれたものを大切にし、彼が語りかけることばにしっかり耳を傾けよう。

6. 不安

これこそ誰もが、ときに誤解する感情だ。不安は、いまおこなっていることをやめよという合図だと考えてしまうのだ。人間であるわれわれには不安を避ける傾向があるが、それでも、新たに何かを学ぶことから、まだ解決法がわかっていない課題に取り組むことに至るまで、良いことのほとんどは安全地帯の外で起こるのだ。IBMの元会長兼社長兼CEOのバージニア（通称「ジニー」）・ロメッティのことばを信じよう。「成長と安心感は共存しない」（注30）

7. 怒り

そう、私たちは怒りもまたこのリストに入ると考えている。怒りを抑え込んでいると、やがて体内で毒素に変わってしまうというだけの理由であってもだ。誰もが同じように利用できるわけではないという事実を含め、怒りは、様々な見地から見て扱いにくい。例えば、専門職に就いている黒人が職場で怒りをあらわにした場合、その選択に対して代償を払わされる可能性が高くなる。（注31）怒りはたいてい二次感情であり、失望や悲

＊高い基準の設定と深い献身の表明の仕組みについてのより詳しい解説は、『世界最高のリーダーシップ』の第3章を参照してほしい。章のタイトルは「愛」だ。他者が成長、進化する状況を生み出すことは、もっとも純粋な愛の形だと私たちは考える。

しみといったより複雑な感情を隠す仮面だ。私たちがこれについてコーチングするときは、まずそこから取り掛かる。その怒りの下に存在しうるものは何だろうか？　その感情から何を学ぶことができるだろうか？

8. 喜び

喜びは、ＮＢＡの伝説的コーチ、スティーブ・カーが掲げるチームの４つの基本的価値観のうちの１つだ（マインドフルネス、思いやり、競争心に加えて）。これら基本的価値観のおかげで、ゴールデンステイト・ウォリアーズは並外れた成功に向かって勢いづいたのだとカーは考えている。喜びという価値観に人はしばしば驚くが、それもカーの「戦士たち《ウォリアーズ》」がコートを楽しげに支配するのを目にするまでのことだ。（注32）ちなみに、喜びもまた、誰もが同じように手にできるものではない。だからこそ、いまだに一部の人にとっては「抵抗を示す行為」となるのだ。*

9. 友情

私たちがここで伝えたいことを完璧にあらわすことばがないため、わかりやすくこう表現しよう。人生のどこかの時点で、誰もが打ちのめされることがある。再び立ち上がるためには、大なり小なり力を貸してくれる人たちが必要だ。そういう人たちの何人かに職場で出会う可能性は大いにある。

10. 品位

これは非常に重要なものだと私たちは考えている。われわれが生き、働いているこの瞬間、あまりにも乏しすぎるものだ。経験上、品位は自分の内に芽生えるものである。つまり、まずは自分の不完全な人間性に品位のための空間をつくる必要があるのだ。そうすることで、他の人たちのためにその空間を広げることができるのである。状況に応じて、品位は優しさ、思いやり、心の広さとして表れるだろう。品位は、難しい話し合いをおこなう、あるいは、難しい話し合いをおこなわないという決断である場合もある。どんな形で表れようとも、品位はまず自分に対して表さないことには、他者へうまく表せるようにはならないのだ。

*「喜びは抵抗を示す行為」という息をのむような一文は、トイ・デリカットの美しい詩『テリーの詩』に、黒人フェミニズムへの革命的な呼びかけとして初めて登場する。

第5章 金曜日

全速力で進もう

1967年4月4日、マーティン・ルーサー・キング・ジュニアが、ニューヨーク市アッパー・ウエストサイドの活気あふれる地区、モーニングサイド・ハイツにある、人でいっぱいのリバーサイド教会で演説した。この時点で、キングはアメリカの公民権運動でもっともよく知られたリーダーだった。その日の演説の中心はベトナム戦争で、聴衆の多くは「テーマがずれている」(注1)と感じていた。

ベトナム戦争についての公式な沈黙を破り、キングはこの戦争を自分の残りの人生をかけた取り組みにつなげるという政治的に危険な決断を下した。そして、戦争の真の恐ろしさと社会的代償に向き合うようアメリカ人に呼びかけた。漠然とした将来のどこかの時点で、ではなく、「今すぐに」という強い切迫感をもって向き合うようにと。このことばは、キングがこの数年前におこなった、あの「私には夢がある」の演説で用いていた鮮烈な表現だ。「われわれは今、明日は今日であるという事実に直面している」と、キングはリバーサイド教会

の説教壇から大きな声で言った。「人生と歴史の難問が次々と明らかになっているなか、手遅れということはあるのだ」(注2)

手遅れということはあるのだ。この演説には驚くべきことばが数多く登場するが、このことばを聴くといつも、一瞬息をするのも忘れてしまう。時間はどんどん過ぎていく。改革の機会には限りがある。何をおこなうかだけではなく、いつおこなうか、それこそが、称賛に値する意図と何の影響も及ぼさないことの違いを生む。この演説をおこなってからちょうど1年後、キングは暗殺された。

金曜日は、機会を逃さず状況を変える日だ。この1週間のあらゆる懸命な取り組み、すなわち、信頼を築き、新たな友人をつくり、品位をもって改革の物語を伝えるという取り組みの対価として、いまやあなたは素早く動く資格を得た。うまくいく可能性はより高まり、その途中で何かを破壊する可能性はより低くなった。

今日の目標は、切迫感をもって「とても良い計画」を実行することだ。「切迫感」は、スピードのもつ悪い評判や、仕事を長時間全力でがんばる「ハッスルカルチャー」のような現象との関連性をも示すことばではあるが、弁解することなくこのことばをつかおうと思う。* 切迫

*切迫感とは、焦点を絞って取り組むことで、素早く戦略的な行動を起こすのを可能にするものだ。ハッスルカルチャーにあるように、あらゆることを緊急事項にしてしまうと、何ひとつ緊急事項ではなくなることに注意しよう。

感は、最高の状態だと、組織生活における複雑さや騒音をはねのける。さらに、組織のエネルギーを解き放ち、あなたが取り組んでいる課題が重要なものだと皆にはっきりと示す。切迫感は、手遅れということはあるとわかっているのだ。

経験上、非常に重要な組織的課題は、より早急に対応されるべきである。そのような課題には、不満、月並みな状態、また多くの場合、現状維持による真の痛みに見合った高い代謝率がもたらされるべきなのだ。だから今日は、邪魔なものを取り払い、思い込みを更新し（出発点として、「素早く動くのを妨げる10の思い込み」を参照のこと）、何であれ前進を阻む経営上のハードルを飛び越えよう。大きな改革に取り組むちょうどいいタイミングについてよく訊かれるのだが、私たちの答えはたいてい同じである。今はどうです？　今こそ加速する卓越性にはもってこいのタイミングのように思えますよ、という答えだ。さあ、ようやく金曜日がやってきた。

金曜日の行動計画

1. 決断を任せる
2. あえて苦手なことをつくる
3. 文化の戦士になる*

4. より良い会議をおこなう
5. 進行中の作業を減らす
6. プロジェクトを迅速に進める方法を生み出す
7. 対立に立ち向かう

必要なもの

- 「とても良い計画」の重要な要素についての参考文献
- 自分の組織の文化、またの名を「わが社のやりかた」についての理解
- その資格のある人たちと決定権を共有しようとする意志
- チームに供する栄養満点で美味しい軽食のための予算
- リラックスできる音楽
- 自己認識

*自分の組織の文化に恐れることなく向き合い、それを変えられると確信している人のこと。

素早く動くのを妨げる10の思い込み

これらのテーマの多くをこの先のページで取り上げるつもりだが、前もっていくらかの緊張感を生み出し、あなた、あるいはあなたの愛する誰かが、組織の代謝率を無駄に低下させる何らかの作用を及ぼしているかもしれない可能性について触れておこう。減速帯は、前進を妨げる外的な障害として現れる場合もあるが（多すぎる会議！　複雑極まりない承認手続き！）、それらは、たいていのことと同じように、われわれがいまだに住みかとしている内的な頭蓋骨サイズの王国に根付く考えや思い込みから生じている。その勢いがなんとか金曜日までに弱まっていることを期待したい。

1. 有意義な改革は徐々に起こる。

人の営みを俯瞰的に見てみると、進歩するのに何十年も、何世代も、さらには何世紀も（それより長い期間も）かかっているように思える。歴史であればそれほど長くかかることもあるだろうが、改革について考えた場合、課題を突きとめ、最終的に解決へと導く行動の弾み車を回すのに、数分、数時間、数日の単位で済むこともある。実際、よく見てみると、歴史が急に動きだすのは、重要なのは今この瞬間だと改革者が判断を下したときだ。

2. そのうちやればいい。

私たちの知る非常に成功した改革のリーダーたちは、「後回し」の代償、システムの停滞によって生じる高い代償を十分認識している。彼らは、安心感のある無行動は不安感のある行動よりリスクが高いという格言を実践している。ジョージ・フロイドの死（訳注：2020年5月、アメリカのミネアポリスで黒人男性ジョージ・フロイドが白人警察官に首を押さえつけられて死亡した事件）を受けて、正義と人種に関する世論が高まるなか、フレゼニウス・メディカル・ケア・ノース・アメリカのCEO、ビル・ヴァレは立ち上がり、組織に向かって実質的に次のように言った。「何をすべきかまだはっきりとはわかっていないが、今始めなければならないことはわかっている」彼はそれから迅速に動き、1つのチームに権限を与え、より強い帰属感を育む文化を同社で築いた。（注3）

3. 他の人たちの時間は豊富で低コストな資源だ。

この話題をここで再び取り上げたい。実生活でも同様なのだが、私たちは機会あるごとに繰り返すのだ。あなたがリーダーであるならば、同僚の時間は、あなたにとって利用する機会に恵まれた何よりも戦略的な資源である。スピードの大切さを正しく理解しているリーダーは、チームに容赦なく優先順位をつけさせることから、会議の予定を慎重に立てて円滑に進めることまで、あらゆることをおこなってその資源を大事に扱う。

一方で、スピードの大切さを理解していないリーダーは、他の人たちの時間を無造作に扱いがちだ。

4. さらなる情報が必要だ。

ジェフ・ベゾスはアマゾンの株主宛ての手紙で、決断は求める情報の70パーセントほどが集まった時点で下されるべきだと主張した。（注4）私たちが知るリーダーのなかには、求める情報が100パーセント手に入るまで粘った結果、改革の取り組みにつまずいてしまった人たちがいる。例えば、ある決断に対して従業員はどんな反応を示すか、ある大胆な戦略の一手に競合他社はどう反応するかなど、まだ書かれてもいない物語の結末について細部まで知りたがったのだ。そういったリーダーたちにとっては、より多くの会議をおこない、より多くの状況を検討することで安心できるのだろうが、その安心感は錯覚である。それほどの待ち時間は組織をより脆弱にする。より強靭にはしないのだ。

5. 急いで進めるのは無謀だ。

これについては、修辞学の大家、ラルフ・「ウォルドー」・エマソン（実際にミドルネームのウォルドーの名でとおっていた）に従って、より詩的な言いかたをしよう。彼は「慎重さ」を主題にしたエッセイで、「薄い氷の上でスケートをする場合、安全をもたらすのはスピードである」（注5）と述べている。素早く動くことにまだ疑いをもっている人たちは、このことばを心に留めておこう。直観に反する事実として、スピードは、安全性を低めるのではなく、むしろ高めることがある。なぜなら、比喩的な意味での氷が割れて水のなかに落ちる危険性が低くなるからだ。

6. ゆっくり進めるのが正しい。

繰り返しの危険性を承知で、あえて別の言いかたでお伝えしよう。信頼、インクルージョン、明確さの確固たる基礎（またの名を、月曜日から木曜日）を築けていないなら、速度を落として見直しをしよう。アクセルから足を離して、「確実な管理」で時間を費やそう。それ以外の人たちは、有意義な改革をおこなう機会を危険にさらしていることに気づこう。手遅れということはあるのだ。

7. 従業員が精神的に参ってしまう。

なかには、懸念、燃え尽き、注意散漫といった何か別の社会的、あるいは組織的病弊への対処法として、気づかないうちに速度を落としている人もいるだろう。そういった雰囲気が組織内で大規模に表れているなら、低速ギアへ切り替えたところで、あまり役には立たないだろう。月曜日に戻って、それらの課題に直接対処しよう。リーダーが正しい課題を解決し、ステークホルダーを大切にすることで信頼を築けば、課題に応じた速さで進めるようになる。

8. あらゆることに優れていなくてはならない。

何かを苦手にすることを嫌がっているのであれば、それはすなわち、他のことに真に秀でるための資源、つまりは資金、時間、エネルギーを確保するのも嫌がっているということになる。（注6）スピードに関して平均を上回りたいのであれば、そのために、それ以外の組織行動に関して平均を下回る必要がある。ポイントは、ある面で秀でるためにあえて苦手とすることで、速度を上げることを可能にし、かつ重要なステークホルダーからの信頼を損ねないものを選ぶことだ。これがそれほど難しくないことを、この先のページで見ていこう。

9. 構造はスピードの敵だ。

海軍特殊部隊には「ゆっくりは滑らか、滑らかは速い」という有名な格言がある。私たちはこれをとりわけ、短期的に見れば摩擦を減らすには余分な時間がかかることになるが、その一方で、プロセスへの投資が速いペースをもたらすという意味に解釈する。経験上、明確で優れたオペレーティングシステムを構築することが、もっとも効果的な摩擦低減戦略だといえる。少なくとも、次の会議の議題にしてみてほしい。

10. 準備のためにもっと時間が必要だ。

変化の予感は生態系に懸念を広める。対処法は、実際に変化を起こしてその懸念を払拭することだ。必要な変化をもたらすのに時間がかかればかかるほど、不確かな未来がもたらしうるあらゆる悲惨な展開についての「幻覚」――同僚のトム・デロングの用語で、私たちのお気に入りだ――に周りの人たちが怯える時間が増えていく。物事をどんどん進めることには、絆創膏を一気にはがすような効果、つまり痛みや恐怖を最小限にする効果もあるため、最初から勢いがつく。前にも言ったように、とにかく始めよう。

決断を任せよう

スピードを妨げる多くの障害は、つまるところ比較的単純な組織の物理法則に帰着する。決断を要するあらゆる事柄が、一点を通って流れていくような決定権の文化を築いた場合、スピードは非常に直接的な形で犠牲になる。その小さな穴をほんのわずかにでも広げれば(つまりは、重要な意思決定者を1人から2人に増やすという場合もあるだろう)、組織の「戦闘のリズム」の速度を劇的に上げられる。

より野心的な言いかたをしよう。あなたの会社のスピードを上げる最速の方法は、より多くの決定ができるよう、より多くの人たちに権限を与えることだ。かなりの危険があったり、指揮系統が不可欠であったりする業界（例えば、医療業界）では常識にそぐわないように感じられるかもしれないが、もっとも危険が高いときこそ、あなたがいなくても正しい決断を下せるよう、必要な情報を他の人たちがもっていることが、もっとも重要なことなのだ。動きが緩慢で予測可能な状況であるなら、皆に指示を出せばいい。ただ、それ以外の状況であれば、皆に思考方法を教えるのがより確実だ。

そう考えると、エンパワメント・リーダーシップについての非常に説得力のある考えのいくつかが、戦争の不透明さから生まれたのも当然である。統合参謀本部の元議長、マーティン・デンプシー大将は、アメリカ陸軍をより速く、より良くしようと試みた際、まず権力を手放すことから始めた。（注7）デンプシーはこの新たな方法を「ミッション・コマンド」と呼んで、陸軍のリーダーシップのビジョンを明確に示した。スピードがこれまで以上に重要となり、状況が絶えず変化している現代の戦場において、自ら決断を下す方法を部下に教えることに重点を置いた方法だ。*

デンプシーの世界観にはまだ到達できそうにないという人は、「とても良い計画」に何か新たな試みをもたらすことを考えてみよう。昨日の熱心な取り組みで、厳密で楽観的な改革戦略がはっきりし、自分がなぜそれをおこなっているのかを説明できるようになった。今度は、実行にあたってどの決断、つまり、どの部分に自分が必要ないかをチームに知らせよう。これはまた、意思決定についてより広く話し合うのに絶好の機会でもある。あなたの支えとなる豊富な決定のフレームワークを活用しよう。(注8)その多くは、自分が関与したい、あるいは相談してほしい、あるいは事後報告してほしいのがどんな場合なのかをはっきりと示せるよう後押ししてくれるはずだ。フレームワークをひとつ選び、そして、お察しのとおり、賢明な実験をおこなおう。

今日は、権限委譲（エンパワメント）の経営、分権的意思決定を可能にする構造改革にもぜひ乗り出してもらいたい。私たちが好きな例は、リッツ・カールトンの方針、宿泊客の課題を自ら解決するために、マネジャーからの面倒な承認なしに1件につき2000ドルまで費やせる権限を全従業員に与える方針だ。(注9)創業者のホルスト・シュルツは、この方針について尋ねられた際に次のように語った。「何年も前にこのやりかたを取り入れたときには、リッツ・カールトン・フランチャイズのオーナーたちから訴えるぞと脅されたよ」シュルツは笑いをこらえながら、ほとんどの件は2000ドルという最高額にはほど遠い金額で解決できていると指摘した。「皿に盛ったクッキーや昼食程度で十分なんだ」(注10)

＊デンプシーが構築したリーダーシップ・モデルは、19世紀のプロイセンの優れた陸軍元帥、大モルトケと呼ばれるヘルムート・フォン・モルトケの考えかたに基づいている。

経験上、多くのリーダーは、権限委譲を感情レベルで受け入れるか抵抗するかのどちらかで、その論理についてとことんまで考え抜いていない。シュルツが、懐疑的なフランチャイズのオーナーについて語っているのはそういうことだ。「仮に上限の２０００ドルまで使うことになったとしても、そういった宿泊客は生活に20万ドルは費やすような人たちだ。つまり、私たちが気にかけるべき唯一の──唯一の──ことは、彼らにこれからも宿泊客でいてもらうことなんだ」（注11）これは、シュルツが生み出したこのやりかたが口コミで話題になるよりも前の話だ。

リッツ・カールトンのある従業員が、宿泊客の息子の「きかんしゃトーマス」の玩具を「救出」した話は、アーンドメディア（訳注：第三者であるユーザーが情報を発信する媒体）で途方もない価値を生み出した。（注12）家族旅行でリッツ・カールトンに滞在していたその子どもがトーマスの玩具をなくしてしまったため、発想豊かで積極的な従業員は玩具店に行って代わりのものを購入した（推定費用：16ドル99セント）。それから、ホテルの様々な場所でトーマスの写真を撮った。厨房で下ごしらえしたり、爽やかな朝のひと泳ぎを楽しんでいる写真だ。そして、トーマスが姿を消した理由を説明する手紙を添えて、悲しみに暮れていた若き所有者のもとにトーマスを送り返したのだ。この魔法のような出来事が可能となったのも、従業員への権限委譲という、同社のブランドイメージに合った経営改革と、その資金を出すための予算項目があったためだ。

同僚に権限を委譲することは、スピードだけでなく、パフォーマンスの向上、仕事への満足度の高まり、対人信頼感の深まりなど、他のメリットもある。(注13)私たちは、勲章を授与された元中隊長エミリー・ハネンバーグに、デンプシー大将の真新しいリーダーシップの考えかたの影響についてインタビューしたことがある。10年間の兵役中にハネンバーグは見事に頭角を現し、「ミッション・コマンド」に携わる新たな将校を訓練するための、マサチューセッツ工科大学の軍事学教授に選ばれた。

ハネンバーグは、部隊のパフォーマンス、士気、さらに、そう、スピードの向上を強調したが、何よりも注目すべきは、そのモデルによって兵士たちの自身の能力に対する認識が変わったことだと語った。「私たちは当然のことながらより速く動くようになりましたが、もっとも大きな影響を受けたのは自信です。自分の影響の及ぶ範囲で人を率いることを任されると、自分にできるとは思ってもみなかったことができるのだとわかります。それによって、自分自身との関係が変わるのです」より専門的でない私たちのことばで表現すると、こんなふうになる。チームをエンパワメントする方法を模索していると、スピードが訪れ、同僚は幸せになり、能力を開花させていく。

状況分析

他の人たちに重要な決断をさせる準備ができたら次へ進もう。

あえて苦手なことをつくろう

建設業界の慣習的なルールでは、コスト、品質、スピードの3つのうち、無理なく手に入るのは2つだとされている。高品質なものをすぐに建てることはできるが、そのぶんコストがかかる。速く、安く建てることはできるが、品質は劣る。あるいは、質の良いものを低価格で建てることはできるが、時間がかかる。これはまた、「不可能な三角形」としても知られている。

私たちは、この不可能な三角形が大好きだ。3つの点をもつ図形が好みだからというだけでなく、スピードを上げることを可能にするために犠牲となるもの（より一般的には、戦略的に犠牲にするもの）を示す、直観的に非常に理解しやすい図だからだ。スピードを優先するのであれば、何か別のものの優先順位を下げなくてはならない。言い換えれば、スピードに関して期待以上の結果を出せるよう資源を確保するためには、それ以外のことに関しては期待を下回る結果を出すしかないのだ（ポイントは、「それ以外のこと」を賢く選ぶことだ）。サービス業の会社に関する10年間の研究で得られた重要な教訓は――この考えについては本も書いている――、何かを手放すことを拒み、すべてにおいて秀でようとする組織は、たいてい「疲れ切った平凡」状態に陥ってしまうということだ。（注14）聞き覚えがあるのではないだろうか？

手放すことを拒まなかった企業にサウスウエスト航空がある。航空会社たるもの赤字を出し、顧客に不安と悲しみを与えるべしというルールから、最近までは逸脱していた航空会社だ。(注15)アメリカでもっとも愛される航空会社になるために、サウスウエスト航空は運賃以外の面では最低となることを選んで、そのクラスで最安の運賃を実現させた。この戦略の中心にあるのはスピードだ。例えば、機内のアメニティの一部（食事、幅広く取りそろえた飲料など）や座席指定のサービスを提供しないことで、着陸してから出発するまでの時間を短くし、それによって航空機という高価な資産を活用した飛行時間をより増やした。それが低運賃の設定に、すなわち、顧客が何よりも求めているものにつながった。(注16)サウスウエスト航空は、サービス面で言えば、ひどかった。悪びれることなく、ひどいサービスを提供していた。

こういった決断をするには勇気がいる。とりわけ、皆をがっかりさせるのが嫌な成果志向の人たちにとっては。サウスウエスト航空の伝説の共同創業者兼ＣＥＯのハーブ・ケレハーが、かつて、怒れる老婦人から苦情の手紙を受け取ったことはよく知られている。この老婦人は、他の航空会社へ乗り継ぐ場合に、荷物を最終目的地まで預かることはしないという同社の方針に不満をもっていた。(注17)こちらのターミナルからあちらのターミナルへと荷物を引きずっていく面倒なしに孫たちに会いにいけるよう、最低限の良識的な対応をしてほしいという内容の手紙だった。もっともな要求ではある。
ケレハーはその回答のなかで、この方針を覆せば、サウスウエスト航空のビジネスモデルは存続できなくなるだろうことを指摘した。これは彼が世間に広く伝えた話だ。着陸から出発までの短い時間のなかで、他の航空会社との複雑で不確実な手続きに対応するために作業を中断しなくてはならなくなったら、サウスウエスト航空のスピード（つまりはコスト）という強みはなくなってしまう。ケレハーは、誠に、誠に申し訳ないが、荷物を最終目的地まで預かることは当分できそうにないと伝えたのだった。

恥ずかしげもなくどの本でも繰り返し取り上げているほど私たちはこの話が好きなのだが、それはこの老婦人に対してノーと言うのがどれほどきついことだったか想像がつくからだ。この気の毒な老婦人に対して、この熾烈な業界であらゆる競合他社が提供している基本的なサービスを断ることは、個人としても、組織としてもつらいことだっただろう。しかし、こういった戦略上の規律と引き換えに、ケレハーはそれまでの他のどの航空会社よりも速く動けたのだ。

ここで「不可能な三角形」の話に戻ってくる。実際のところ、この方法は関係の強化につながる。なぜなら、素早く動くことで犠牲になるものについて、透明性の高い話し合いが可能になるからだ。そう、スピードを優先するからには、何か他のものを手放さなくてはならないのだ。顧客はこのプロジェクトが始まる前にそれが自分たちの求める犠牲であるのかどうか決断できる。ケレハーが例の老婦人にサウスウエスト航空の契約の条件を率直に話したのと同じように、ステークホルダーは自分たちの優先事項についてはっきりと決断を下すことができる。あらゆることに優れているふりをするという方法をとった場合、進むにつれ信頼を損なうことになるのだ。

状況分析

スピードに秀でるためには他のことを苦手にしなくてはならないという経営の現実を受け入れる覚悟ができたら次へ進もう。

文化の戦士になろう

私たちが光栄にもかかわった、すべての成功した改革の取り組みを特徴づけるのは、時間は貴重かつ保存のきかない資源、組織のもつ、真に再生不可能なひとつの資源であるという強い認識だ。その取り組みそのものが、明日は今日よりもいい日になるだろう、なっていなくてはという伝染性の高い勢いを生み出した。この切迫感の文化は、共有する一連の信念を貫こうとするリーダーによって、あらゆる文化と同じ方法で生み出された。そして、その文化が彼らの行動につながった。

文化は「わが社のやりかた」を明らかにする。そのルールに従うべきか、それを省略すべきか、独自の知識を共有すべきか、人に話さずにおくべきか（水曜日を覚えているだろうか？あなたの会社の文化的特性に、「インクルーシブであること」に加え、今度は「速さ」も加えよう）、事態を改善するためにあえて危険を冒すべきか、身をひそめて現状に順応すべきか、そういったことをわれわれに伝えるものだ。素早く動くために、文化はどれほど重要になるだろうか？　前回のスタッフ会議で上司が口にしたこともいくらかの方向性を示しはするが、決定的な答えを握っているのは文化である。

戦略、すなわち前の節でおこなったような妥協と文化のどちらがより重要かについては、今なお意見の対立がある。経営思想家のピーター・ドラッカーは、かつて「文化は戦略を簡単に打ち負かす」と言ったとされており、これが、どちらがより強力かについての論争を引き起こした。実際には、この対決で勝利するのはたいてい文化である。ただし、それは企業のほとんどの人の意思決定に影響を及ぼすほど、十分に戦略が伝わることがめったにないためだ。あなたの金曜日の任務は、両方をうまくおこなって、フェアな対戦にすることだ。スピードと、それに伴う必然的な、避けられない犠牲について話すのをやめない戦略のリーダーとなり、「速さ」を重んじる組織文化を築くのだ。

その文化のおかげで成功した企業が、フェデックスだ。1973年、フェデックスは窮地に追い込まれていた。倒産の危機が迫っているというのに、何ひとつ思うようには進まない。

（注18）この存在にかかわる非常事態が展開されていたときに、フェデックスの顧客から、式の開始まで24時間を切っているのにまだウエディングドレスが届いていないと涙ながらに訴える電話があった。ダイアンという名の（苗字も調べたのだが、見つけられなかった）現場の従業員はすぐに行動を起こした。ドレスの位置情報を追跡して場所を特定すると、小さなセスナ機をチャーターして届けたのだ。誰かに許可を求めることで、極めて重要な時間を無駄にすることなどせずに。この話がその結婚式に出席していた何人かの重役の関心を引き、彼らは危なっかしい新興企業であるフェデックスに賭けてみようと、時間的制約のある自社製品の輸送をいくつか任せることにした。それが新たな需要を喚起し、会社は救われたのだった。

忠実なる『世界最高のリーダーシップ』愛読者の皆さんならおなじみの話だろうが、この話をするのが好きな私たちは、またしても話す。それというのも、これが文化の力を実に美しく示しているからだ。会社を救ったこの一連の出来事が可能となったのは、フェデックスが力強い「とことん紫《ブリーディング・パープル》」（紫は同社の当初のロゴの色）の文化、やり遂げる精神と地位を気にかけないことを特徴とする文化を築いていたからだ。（注19）皆の貢献が高く評価された。従業員全員にそれぞれの独自の知識を共有する自由と責任があった。ダイアンの大胆な選択によってフェデックスは生き延びることができたが、彼女にその行動を起こさせたのは、文化だったのだ。文化の改革をどうやって可能にするかを知る出発点として好きなのは、経営理論家の故エドガー・シャインの独創的なフレームワークだ。これは組織文化を大まかに、文物（人工物）、標榜される価値観、背後にある基本的前提に分類したものだ。（注20）シャインが説得力のある主張を展開しているように、周りの人たちに確実に自分の望むような行動をとらせるには、確実に自分の望むような考えかたをさせる必要があるのだ。再び自分に問いかけてみよう。「賢く、有能で、素晴らしい同僚たちが、速度を落とすような方法で行動しようとしているのは、どんな考えがあってのことだろう？」

この章のはじめに紹介したリストを再び参照するなら（「素早く動くのを妨げる10の思い込み」）、彼らは会社で蔓延する燃え尽き症候群に対応している、あるいは、そうするのが正しいことだと思い込んで、あらゆることに秀でようとしている可能性がある。*たとえあなたが責任者であっても、今のところ自分にわかっているのは速く進むことだけだとにかく伝えよう。彼らの行動を変えられる唯一の可能性は、その思い込みに影響を与えることだ。彼らの考えを徐々に変化させて皆の速度を上げるために、直接的に語らず間接的に示す精神をもっておこなえる火曜日的な実験には、どんなものがあるだろうか？

この章のこれ以降ではいくつかの提案をしていくが、この取り組みは、サウスウエスト航空やフェデックスといったスピードで競争しようとする企業だけのものではなく、スピードと共に競争しようとする企業のためのものでもあることをはっきりさせておきたい。本書を読んでいる人たちの大多数は後者に属しているだろう。そのあなたたちにとって、勢いをつけるためのもっとも強力な手段は文化だ。シャインはかつて、「リーダーがおこなう真に重要な唯一のことは、文化を築いて管理することだ」と主張した。あなたが組織のどの階層に属していようと、金曜日には職務記述書に文化ということばを書き加えよう。肩書に文化（Culture）の「c」をひそかに付け加え（大々的に触れ回る必要はない）、手遅れということはあるのだという信念に基づいた環境をつくろう。

状況分析

スピードの文化を築く責任を負う覚悟ができたら次へ進もう。

より良い会議をおこなおう

作家でコラムニストのデイヴ・バリーはかつて、「人類がその全潜在能力を発揮していない、そしてこれからも発揮することのない原因をひとことで特定しなくてはならないとしたら、そのことばは「会議」になるだろう」と言った。(注21) このコメントが面白いのは、面白み

＊医療や教育といった、使命を重視する分野で働く人たちからよくこれを聞く。少なくとも、あらゆることに秀でようと努力するのが自分たちの倫理的義務だという主張だ。そんなとき、私たちはただこう尋ねる。「それでうまくいきますか？」

を感じる場合はたいていそうだが、そこに何かしらの真実が含まれているからだ。われわれはいまや労働時間の実に3分の1を会議に費やしており（ほんの数年前に比べて3倍だ）、その時間の大半を苦痛に感じている。（注22）ある研究では、働く人の3分の2以上が、会議が多すぎると「職場で影響を与える仕事」に集中できなくなると回答していることがわかった。おそらく誰もがその仕事をするためにこそ職場にいるというのにだ。そしてまた別の研究では、アメリカ、イギリス、ドイツ、スイスでの、無意味な会議による企業の損失額を合わせると、年間5000億ドル近いと推定された。（注23）

多くのリーダーが、必要不可欠なこの組織行動をうまくおこなおうという努力もせずに、この有害物質をただ禁止する（金曜日は会議なし！）という対応をとってきた。スピードの実験を開始して会議の技量を磨くために、ここでクレア・ヒューズ・ジョンソンを再びお迎えしよう（人材の賢明な実験についての考察で、火曜日に特別出演してもらったことを思い出してほしい）。なんといっても、会議の運営に伝説的に長けた人物だ。* ヒューズ・ジョンソンの並外れた実績を説明するリーダーシップ能力の重要項目リストには、明確な目標や評価基準といったそれほど意外性のないものに加えて、「会議の仕組み」が入っている。（注24）われわれのこれまでの仕事は会議中心だったにもかかわらず、それを成功に欠かせないものとみなす上級幹部の話は他に聞いたことがない。そのことについてヒューズ・ジョンソンに尋ねると、彼女はこのように言った。「もっとも生産的でもっとも影響力の大きな仕事は、

他の人たちとリアルタイムでおこなうものです……それを会議と呼ぶんです」(注25)

ヒューズ・ジョンソンの根本的な助言は、準備に投資することだ。厚かましくも皆を招集する前に、次に挙げる重要な質問への答えを出しておこう。「なぜ集まるのか?」「目標は何か?」「それらの目標を達成するためにそこにいる必要があるのは誰か?」「皆でどのような時間を過ごすのか?」そして、前もって資料を配布しよう。そうすれば、効果的に貢献するための助走路が皆に用意される。なかには、他の人よりその助走路を必要とする人もいる。「外交型の人は考えるために話しますが、内向型の人は話すために考えるからです」とヒューズ・ジョンソンは説明した。(注26)常に議題を用意しよう。それによって目的地が示され、また、皆が軌道を逸れることもなくなる。クオールケア・アライアンス・ネットワークス社の創業者であり元CEOのアネット・カティーノは、議題のない会議には出席しないという数多くの重役の1人だ。「目の前で議題が示されなければ、退席します……なぜその会議に出席するのかがわからず、相手もなぜそれをおこなうのかがわかっていないのなら、会議をおこなう理由はありませんから」(注27)

会議が始まったら、会議運営の難しい作業を他の出席者と分担することを考えよう。スト

＊2018年にヒューズ・ジョンソンが効果的なスタッフ会議の運営法についてざっくばらんに話した内容は、すぐに口コミで広まった。

ライプ社の会議で、ヒューズ・ジョンソンはしばしば記録係を、そしてときには進行役を代理で任命する。とりわけ非常に重要な会議で、出席者全員に最大限の関与を促したい場合には。出席者のなかに尻込みしている人や議論に加わりたがらないように見える人がいると、権限をもつ進行役は議論のペースを落とし、巧みに新たな意見を求める。著作家で会合の専門家であるプリヤ・パーカーはさらに進んで、目標を達成する力になってくれる人全員に役割を、さらには遊び心のある肩書を割り当てることを勧めている。「水の会長」から特別な「結合組織役」まで、コミュニティを築こうとするあなたを手助けしてくれる文化の構築者たちに肩書を与えるのだ。(注28) 私たちが用いるまた別の方法は、自分には直接影響のない会議であっても共感を示し、共同で良い結果を生み出す心構えをしておくよう出席者全員に促すことだ。

このような方法は、仲間である出席者から独自の情報を引き出すのにも役立つ。これは、インクルージョンの、そして、優れた会議運営の中心的な目標だ。水曜日にインクルーシブな会議についての考察で取り上げたように、私たちお気に入りの意見を促す表現「違う見解を示せる人は?」を用いてどうなるかを見てみよう。これは、「違う見解をもっている人は?」の変化形で、よりリスクの低い表現だ。これはまた、いまいちの解決法にあっけなく落ち着いてしまう前に、異なる考えかたに向き合う、すなわち、異なるアイデアや選択肢の健全な探求に取り組むのにも役立つ。経験上、素早い意見の合致は、概して「誤った最適解」(またの名を「最良とはいえないアイデア」）をもたらし、参加者が会議を中断させて新たなアイデアを進んで提供しようとする可能性を低くする。たとえそれがより良いアイデアであったとしてもだ。

最後に、着地を成功させよう。会議を終わらせる前に、重要な決定事項ややるべきことをまとめよう。各自が責任をもっておこなうべき職務は何か、終わらせるべき期限はいつかを全員が理解していることを確認しよう。ヒューズ・ジョンソンは、会議の終わりに「チェックアウト」という、関与の強化を促し、参加者の認識を確認するための矢継ぎ早の呼びかけを好んで用いている。決まって用いるのは、「この会議後に取り組むことを1つ、皆に伝えること」と「この会議を終えるにあたって考えていることを、1語あるいは2語で述べること。それは、感情でも、アイデアでも、もっと話し合いたい議題でもよい」の2つだ。

これまでのあらゆるアドバイス同様、ぜひ組織の砂場に入って、新たな方法と戯れてみてほしい。考えるために集まっているのか、それとも実行するために集まっているのか？　起こったばかりのことから学ぶのか、それともこれから起こることに備えるのか？　それが独創的な選択肢を生み出すことであれ、皆に経営の共通の理解をもたせることであれ、会議の構成、スタイル、速度をあなたの目標に合わせて変化させよう。例えば、「アジャイル開発（訳注：システム開発手法のひとつで、従来の段階的な開発手法とは異なり、迅速に開発をおこなえる）」のツールを取り入れ、進展の障壁を取り除くために1日に1度短時間だけ会う（スタンドアップ・ミーティング信奉者は、効率を上げるため、その専門用語どおりに立ったままこれをおこなう）ことを試してもいい。あるいは、あなたが総合的に達成しようとしている目標にとってはまるで意味のないことであるなら、それはやめておいてもいい。唯一絶対の普遍的法則は、直接集まってかなりの時間を費やすのであれば、まともな食べ物を提供する必要があるということだ。だからこそ、今日の必要なものリストに美味しい軽食を挙げておいたのだ。

　要するに、重要なのは、何かをするのに人を集めるのなら、事前準備に時間をかけることである。失われた会合術への頌歌《しょうか》ともいえるそのベストセラー書のなかで、パーカーは次のように述べている。「集まる理由の背後にある、より深い前提を検討せずにいると、結局は……古くさい退屈な型どおりの集まりの再現で終わってしまう。そして、記憶に残る何か、さらには改革を起こす何かを生み出す可能性を諦めることになるのだ」（注29）あなたが次にひらく会議で、記憶に残ること、さらには改革を起こすことを目指したとしたら、何が起こるだろうか？

　これまで、私たちが推奨する対策をとって、比較的少ない労力で、企業が会議時間を60分から30分に、30分から20分に短縮するのを目にしてきた。これには、新たな従業員も新たな技術も必要ない。必要なのは、十分に計画した上での努力と訓練だ。それこそまさに組織でスピードを上げるもっとも簡単な方法なのだ。他に何もしないなら、より良い会議を実施しよう。

状況分析

会議をより意図的におこなうことを決意したら次へ進もう。

進行中の作業を減らそう

話を先に進める前に、フランシスの希望により、ここでいったん立ち止まり、彼女お気に入りの業務原理である「リトルの法則」を読者に思い出していただこう。* まずは結論からお伝えしよう。チームや組織のスピードを上げたければ、皆の動く速さだけに注目していてはだめだ。取り組んでいる物事の数にも目を向ける必要がある。実際に、ペースを上げることに関して言えば、やることリスト全体の長さが重要になるだけでなく、それらの項目に達成済みのチェックをどれだけ速く入れられるかが、同じくらい重要になるのだ。

経営上の諸問題を科学的・数学的に解決するための研究分野で伝説的な教授のジョン・リトルは、1950年代の「待ち行列理論」に関する画期的な研究で、システム内のある項目についてはじめから終わりまでにかかる時間（例：1人の人間の行列での待ち時間）は、行

＊この節では語り口がわずかに変化していることに気づくかもしれない。

列に並ぶ項目の数（いっそのこと、人々と呼ばせてもらえないだろうか？）と各項目を完了するのにかかる時間（代金を支払って立ち去るまで）の積に等しいことを発見した。（注30）例えば、スターバックスで列に並んだとしよう。あなたの前に3人並んでいて、バリスタがフラペチーノの注文を取ってクレジットカードの支払処理をするのに2分かかるとしたら、1人あたりの会計時間2分に人数4人をかけた結果、列での待ち時間は8分となる。

これを方程式で表すと、次のようになる。

はじめから終わりまでにかかる時間＝進行中の作業数×処理時間

もちろん誰もがおこなっていることだと思うが、この方程式についてよく考えてみると、はじめから終わりまでにかかる時間を短縮するには2つの方法があることがわかる。進行中の作業数（ＷＩＰ）を減らすか、あるいは処理時間を短くするかだ。多くの人は本能的に、より懸命に、より手早く仕事をするよう従業員に求めて、処理時間を短くしようとするだろう。とはいえ、これはＷＩＰを減らすことで生まれる効果、またの名を要領の良い働きかたを無視したやりかただ。

Ｅｔｓｙ社のＣＥＯ、ジョシュ・シルバーマンは、同社の経営の立て直しをしていたとき、プロジェクトが多すぎて組織が「窒息状態」になっているという結論を下した。Ｅｔｓｙの従業員は１０００人に満たなかったというのに、チームは８００を超える事業開発プロジェクトに取り組んでいたのだ。シルバーマン率いるチームは、組織全体の活動に「リトルの法則」を適用し、それらの取り組みの半分を取り除いた。組織レベルで要領よく働くことを心に決め、一気に加速したのだ。(注31)

もうすぐ切り上げると約束するが、この話の予期せぬ結末は次のとおりだ。ＷＩＰは通常、処理時間よりずっと変動しやすく、また多くのシステムにおいては経営上減らしやすくもある。例として、一連の会計プロセスの速度を上げるのが目標であるなら、列に並ぶ人の数を減らすほうが、会計にかかる時間を数秒縮めようとするより賢明である。リトル教授の画期的数学によれば、レジ係に仕事を急がせるよりも、もう１つ会計の列をつくったほうがより一層速度を上げられるというわけだ。

さらに良い知らせはあるかって？　読者の皆さん、その答えはイエスだ。ＷＩＰの削減はまた、１度の努力で済むことが多い。Ｅｔｓｙが新たなプロジェクトの終わりの見えない展開に抵抗する限り——シルバーマンの監視下でそのように統制されている可能性は高い——、同社はその新たな速度を維持できるはずだ。あなたの受信トレイがいい例えだ。メールの返信にかかる時間を短縮するには、努力してタイピング速度を上げるのではなく、メールを溜めずにきちんと片づけることだ。懸命に働くのではなく、要領よく働こう。そうやって、今日おこなっている他のことの数を減らし、あなたの「とても良い計画」を早急に実行しよう。

状況分析

いまや自信をもって「ＷＩＰ」と呼べるようになった進行中の作業数を減らす準備ができたら次へ進もう。

プロジェクトを迅速に進める方法を生み出そう

「リトルの法則」の人生を変えるような魔法を取り入れたシルバーマンのＥｔｓｙでの次の動きは、同社の極めて重要なプロジェクトをすぐに加速することだった。それらのプロジェクトの多くは、製品の簡単な修復をおこなうだけで、急速に売り上げを伸ばす絶好の機会となるものだった。例として、Ｅｔｓｙの買い物客の多くは、まだ信頼のおけない無名の小規模な売り手に対して自分のクレジットカードを使うことを心配していたため、同社はサイトにメッセージを付け加えることを優先した。「お客様のクレジットカード情報が出品者に提示されることはありません」（注32）シルバーマンはこれらの修復を「救急車」と呼んで、チームに数か月ではなく、数日、数週間のうちに実行するよう重点的に取り組ませた。（注33）この救急車の効果によって、ほぼ即座に収益が増加した。（注34）

救急車というのはあまり喜ばしくない例えだが、ひどく記憶に残る、核心をついたことばである。それほど重要ではない作業を道路の脇に押しやって、もっとも重要な作業のために道をあけるのだ。私たちが研究した「加速する卓越性」に位置する組織の多くが、救急車的な手段を生み出し、こういった優先順位づけをしやすくしている（ストライプ社では、こういったプロジェクトは「コード・イエロー」と呼ばれていた）。製品の修復だけでなく、どんな課題にも適用できる方法だ。そして、どんな形や大きさの組織であっても、官僚主義の定着度合いがどの程度の組織であっても適用できる方法だ。

　同僚のエイミー・エドモンドソンとランジェイ・グラティは、どうすれば大企業が「アジャイル開発」の良さを取り入れられるかについて研究している。「アジャイル開発」は、基本的には素早く動いて課題を解決するために考案された方法論だと私たちは考えている（注35）その原則で重視されるのは、急ぎの試作、迅速な適応、権限を与えられた上でのステークホルダーとの継続的な話し合いだ。エドモンドソンとグラティの研究で明らかになったことのひとつは、官僚主義にもそれなりの存在意義があるとはいえ（しかも、よく不当な非難を受けている）、既存大手企業であっても、スピードや柔軟性、イノベーションを追求するなかで、ときにはそれを回避する必要があるということだ。そういった状況では、彼らが「アジリティハック」と呼ぶものを用いるとよい。（注36）

　シルバーマンの救急車のように、アジリティハックによって、WIPの残りと、目標の邪魔になる他のどんなものをもすぐに追い越せるようになる。多くの組織、とりわけすでに成熟した企業にとって、アジリティハックには、その組織が他にどんなことをおこなっていようとも、それらを中断させることはないという付加的な利点がある。単にその周りを進んでいけばいいのだ。エドモンドソンとグラティは素晴らしい例をいくつも紹介している。アイデアとひらめきを得るために、彼らの著書を直接読まれることをおすすめする。(注37)

それらの例のなかでも気に入っているアジリティハックのひとつは、世界的な巨大製薬会社ノバルティスが、ひときわ注目を浴びた「プロジェクト・ジェネシス」と呼ばれるペースの速いイノベーション・コンテストの開催によって、自社の研究開発プロセスを回避する(このことばが再び登場)決断を下したときの例だ。このコンテストには複数の学問領域にまたがったチームがいくつも参加し、同社のトップクラスの科学者による委員会に、壮大な試みのアイデアを売り込んだ。勝利チームには、そのアイデアをさらに発展させるために、研究所の実験スペース、資金、18か月という期間が与えられた。その期間の終わりに、順調に進められていたチームは、ノバルティスの既存の研究開発プログラムのひとつに加わった。(注38)

コンテストの勝利者の1人は次のように述べている。「「ジェネシス」のペースの速さには驚きました。ほんの数週間のうちに最高の実験スペースと設備が用意されたんですから」大手バイオテック企業にしては異例のスケジュールだ。(注39)このコメントがとても好きなのは、一部には、この一見ありふれた業務上のささいな事柄こそ、このコンテストが「オフィススペース」のより良い、より効率的な市場を生み出すことにつながったからだ。ノバルティスのような企業にとって、潜在的に変革を起こし得る技術や治療法にすぐに資源を割り当てるというのは理にかなっている。とはいえ、迅速にプロジェクトを進める方法がなくては、どんな組織であってもそれをきちんとおこなうのに耐えがたいほど時間がかかることがあるのだ。

状況分析

影響力の大きい優先事項の速度を上げる仕組みをつくることに興味をもてるようになったら次へ進もう。

対立に立ち向かおう

1週間を締めくくるにあたって、しばしば見えないところに隠されている最後の減速帯を追い求めようと思う。組織の対立への対処法についてだ。私たちの同僚のフランチェスカ・ジーノは、最近の調査で、回答者の60パーセント近くが仕事での意見の相違について「やや、かなり、あるいは、非常に不快だ」と感じていることを明らかにした。3分の1以上がそれを回避したいと答えており、それよりさらに多くの人が「仕事上の人間関係と生産性に悪影響を及ぼす」ものだと考えていた。（注40）私たち自身の経験から言って、対立にうまく向き合えないことは、「加速する卓越性」への主要な障害物のひとつである。それはエネルギーを吸い取り、信頼を損ね、あらゆる物事の速度をぐっと落とす。

別の考えかたをすれば、今日の行動計画の数々の項目を含めて、スピードの数々のレバーを動かすには、対立に前向きにかかわることが必要なのだ。誰かの専門分野にあまり力を注がない、あるいは、あなたがいまや不必要なＷＩＰだと考える、彼らの好むプロジェクトのひとつを置き去りにすると決めれば、その誰かは怒るだろう。こうした対立のかじ取りを誤ると、意図せずして組織のブレーキを踏むことになる。もっとも緊急性の高い優先事項から資金を流用するはめになり、いずれ後片づけし、やり直す可能性を高めることになるのだ。私たちが助言をおこなったあるＣＥＯは、最高財務責任者《CFO》との直接的な衝突を避けるためだけに、ある企業を買収したことを認めた。こういった話はしょっちゅう耳にするし、結果として、組織には驚くほどの代償がもたらされる。

議論されない未解決の問題が蓄積されることは、チームの有効性に関する専門家のリアン・デイビーが「対立の負債」と呼ぶ現象だ。（注41）私たちがこの表現を好きなのは、それが対立回避によって重荷が生じることと、解決の可能性を高めることの両方を言い表しているからだ。テック業界の負債と同じように、対立の負債は組織レベルの課題であり、高い能力と計画的な取り組みによって解決できる可能性が非常に高い。

対立の負債を減らし、より効果的に対人摩擦に対処するのに、参考になる素晴らしい教材は数多くある。今では第3版となった『クルーシャル・カンバセーション』（パンローリング）では、「（1）大きな危険をはらむ、（2）意見が異なる、（3）感情が強く出る」場面、まさに仕事でもっとも重要な決断をおこなう場面で、話し合いを成功させる方法を読者に伝えている。（注42）それらの考えに基づいたキム・スコットの『GREAT BOSS（グレートボス）』（東洋経済新報社）では、信頼を築き、実際に従業員の成長を促す厳しいフィードバックをどう与えるかという、特定のタイプの「クルーシャル・カンバセーション」が示されている。（注43）クリス・アージリスは、「学習する組織」について、また、私たちが少なくとも1日に1回は仕事中に思い浮かべる表現である「議論できないことを議論する」ことの重要性についての研究で基礎を築いている。（注44）

なかには対立のことを考えるだけで落ち着かない気分になるという人もいるはずだ。脈が速くなってきたら、例の必要なものリストにある、リラックスできる音楽を流し、これらの教材を用いて厳密な自己改善計画を立てよう。対立を嫌うリーダーのコーチングをした経験から言うと、職場における対立へのもっともな反応について読むことは、リスクの低い暴露療法のようなものだ。その途中でかなりの不安を感じるとしても、最終的には得をするすべての関係者を思い描くことができる。これを実践することで、対立への対処が学習行動であることを思い出すことにもなる。第1歩は、それを必要不可欠なリーダーシップのスキル、他のスキル同様伸ばさなくてはならない、そして、同僚たちのなかにも育まなくてはならないスキルとして認識することだ。

インテルでは、新たに加わった従業員向けの新人研修に、コンフリクトマネジメントの様々なツールについて学ぶことを盛り込んでいる。この研修によって、対立は共同作業をする上で当たり前に起こるものという考えがもたらされると同時に、話し合って解決するための共通言語が与えられることにもなる。（注45）ロレアルでは、従業員に「対立への対処法」と呼ばれるプログラムを用意している。会議（もっとも生産的で最大級の影響を与える仕事がおこなわれる場所）でうまく異議を唱える方法を参加者に教えるプログラムだ。そのメリットはいくつもあったが、対立が日常的なものとなることで、この世界的な大手化粧品会社は、様々な文化や市場にわたって有意義に分散していけるようになった。（注46）

かつて、押しの強い未公開株式投資業界が絶頂にあった頃に成功していた上級幹部の女性が、巧みなコンフリクトマネジメントを「楽しんでおこなう馬上槍試合」と言い表すのを耳にしたことがある。この中世風の例えがうまい表現だと感じるのは、ひとつには、「試合」ということばがつかわれているためだろう。対立が血流にもたらす化学物質――コルチゾールとテストステロンの強いカクテルであることが多い――によって人はリスクが高いという考えに陥るのだが、それはたいてい早とちりである。これこそが、銀行業のベテラン、マット・トロンブリーが自身の「アゴニズム」の研究で主張したことだ。彼はアゴニズムを、その必要のない状況で戦闘的な態度をとることだと定義している。（注47）馬上槍試合同様、論戦でもいくらかの軽快さがあることは大いに役立つ。

今日はアゴニズムを退けて、地味でリスクの低い「ルネサンス・フェスティバル」――金曜日の午後にぴったりのお出かけだ――の気分を呼び覚まし、あなたの組織での対立をそれほど悪くないものと捉えなおすことを考えてもらいたい。* 説得力のある研究によると、対立のなかには、皆が仕事に打ち込み続け、知性を十分に発揮するのに実際に役立つ可能性のあるものもあるということだ。（注48）長期的な研究において、研究者たちは、業績の良いチームでは仕事のやりかたについてしばしば高い割合で意見の相違があることを見いだした。（注49）

対立はまた、イノベーションに不可欠な要素でもあることを同僚のリンダ・ヒルが示している。ヒルは、健全な議論と意見の相違をとおして、可能性のある解決法が生み出され、検討され、修正される過程を、「創造的なすり傷」という慈愛に満ちた概念として広めた。ヒルは、異なる考えかたや方法のあいだで起こる対立が、卓越性には実際に必要だと主張している。ピクサー・アニメーション・スタジオの社長、ジム・モリスがヒルに語ったように、「対立がなければ、とことん平凡なものしか生まれない」のだ。（注50）

＊「ルネサンス・フェスティバル」への参加を「くだらないことの定義」としたあらゆる過去のコメントを正式に撤回したい。

これまでに目にしたなかでもっとも勇気づけられる研究は、対立の専門家で論説執筆者のアマンダ・リプリーのデスクからやってきたものだ。まるで後退しているのかと思えるほどよくスピードが落ちる場所、つまりアメリカの連邦議会で、予想外の生産性を示している一角についての最近の論説で、リプリーは「連邦議会の近代化」のための「特別委員会」によって、議会が急速な進歩を遂げた話を語った。(注51) 失敗するような設計(共和党議員6名、民主党議員6名)と厄介な議決の必要条件(何をするにも圧倒的多数の委員の投票が必要とされた)にもかかわらず、同委員会は連邦議会のなかでも非常によく機能している組織の1つとなり、ワシントンD.C.の新聞、ロール・コール紙のある記者の言うところの「議会のパラレルワールド」を生み出したのだ。(注52)

この思いがけない結果をもたらすために、委員長の下院議員、デレック・キルマー(民主党、ワシントン州選出)は型破りなことをした。2党間の修養会を主催したり──ほぼ前代未聞の戦略だ──、委員会の仕事を支援するチームを各党の支持者に分けて2つつくるのではなく、1つの共同スタッフチームをつくったりしたのだ。彼は委員会の会議を円卓会議形式にし、民主党議員と共和党議員が隣同士に座るようにして、より良い会議をおこなった。そして、各委員が1月6日、あの連邦議会襲撃事件が起きた日に感じたこと、自身の苦悩についで、あの日の恐怖に対する共和党と民主党の立場からのまったく異なる見解についても含めて、「議論できないことを議論する」よう委員会に促した。進歩が可能となったのは、キルマーが委員会でのリーダーシップの新しい方法について数多くの試みをおこない、対立を避けるのではなく、対立と共に仕事を進めたからだ。副委員長のウィリアム・ティモンズ（共和党、サウスカロライナ州選出）は次のようにまとめている。「私たちは実際に共に時間を過ごし、色々なことを話し合った」それが、連邦議会の他のどの委員会よりも速く動き、より多くのことを解決するチームという形で実を結んだのだ。（注53）

今週の最後に戦術的におこなってもらいたいのは、同僚と共に時間を過ごし、色々なことを話し合うことだ。とりわけ意見の異なる同僚とおこなってほしい。今日の終わりには、あなたの「とても良い計画」は「素晴らしい計画」になっている可能性がある。

状況分析

全速力で進む準備ができたら次へ進もう。

終章　週末の休みをとる

おめでとう！　勇猛果敢に私たちの5日間の行動計画どおりに取り組んだにしても、自身のニーズに合わせて予定を組んだにしても、あなたはたった今、難しく大掛かりなことをやり遂げた。「わが社のやりかた」を変えた。未来を過去に決めさせるのを拒んだのだ。唯一残された作業は、休息して回復することだ（この話題についてはすぐにお話しする）。ここで、締めくくりに例の大人向け飲料をグラスに注ごう。

この冒険のはじめに、私たちのプレイブックに従えば、あなたは「加速する卓越性」へのロードマップを手に入れ、爽快なスピードで目標に向かって突き進むことができるとお約束した。さて、どうだろうか？　あなたの前に道はひらけているだろうか？　それとも、次のカーブがまだ見通せない状態だろうか？　これに答える前に、あなたが今週達成したことをざっと振り返ってみよう。

「月曜日」には、真の課題を突きとめた。難しい質問をして、課題解決チームをつくり、前進を阻む大きな壁を明るみに出した。新たなデータを集め、耳を傾けた。人類学者的好奇心とリーダー的責任感をもってしっかりと耳を傾けた。

「火曜日」には、信頼の課題を解決した。真の課題を解決しているという自信をもって、会社の信頼の「揺らぎ」を解消し、重要なステークホルダーとの関係を強化する方法について賢明な実験をおこなった。組織の砂場に入って遊んだ。

「水曜日」には、新たな友人をつくった。他の人たちが、複雑で多面的な人間としてそれぞれが違っているにもかかわらず、ではなく、まさに違っているからこそ成功できる状況を生み出した。多様な考えかたを取り入れることで、より良い改革計画を立て、さらに、より良いチームとなった。

「木曜日」には、良い物語を伝えた。過去を受け入れ（良い点も、あまり良くない点も）、説得力のある改革の使命を明確に説明し、厳密で楽観的な道筋を示した。あなたの物語を繰り返し伝え、職場で感情を活用した。

「金曜日」には、全速力で進んだ。他の人たちに速やかに実行する権限を与え、さらには、破壊のリスクも低減させ、切迫感をもって改革を率いた。苦手なことをあえてつくり、文化の戦士となり、手遅れということはあるのだと確信した。

もっと時間をかけて、より少ない成果をあげられたらよかったのにと思うだろうか？　今週のはじめに、自分の組織が「構築マップ」（図C-1）のどこに位置していたかを思い返してみよう。そして、その評価を現在の位置と比べてみよう。会社の標準速度と比べてどれほど速くなっているだろうか？　どれほど多くのことを成し遂げているだろうか？

図C-1 構築マップ

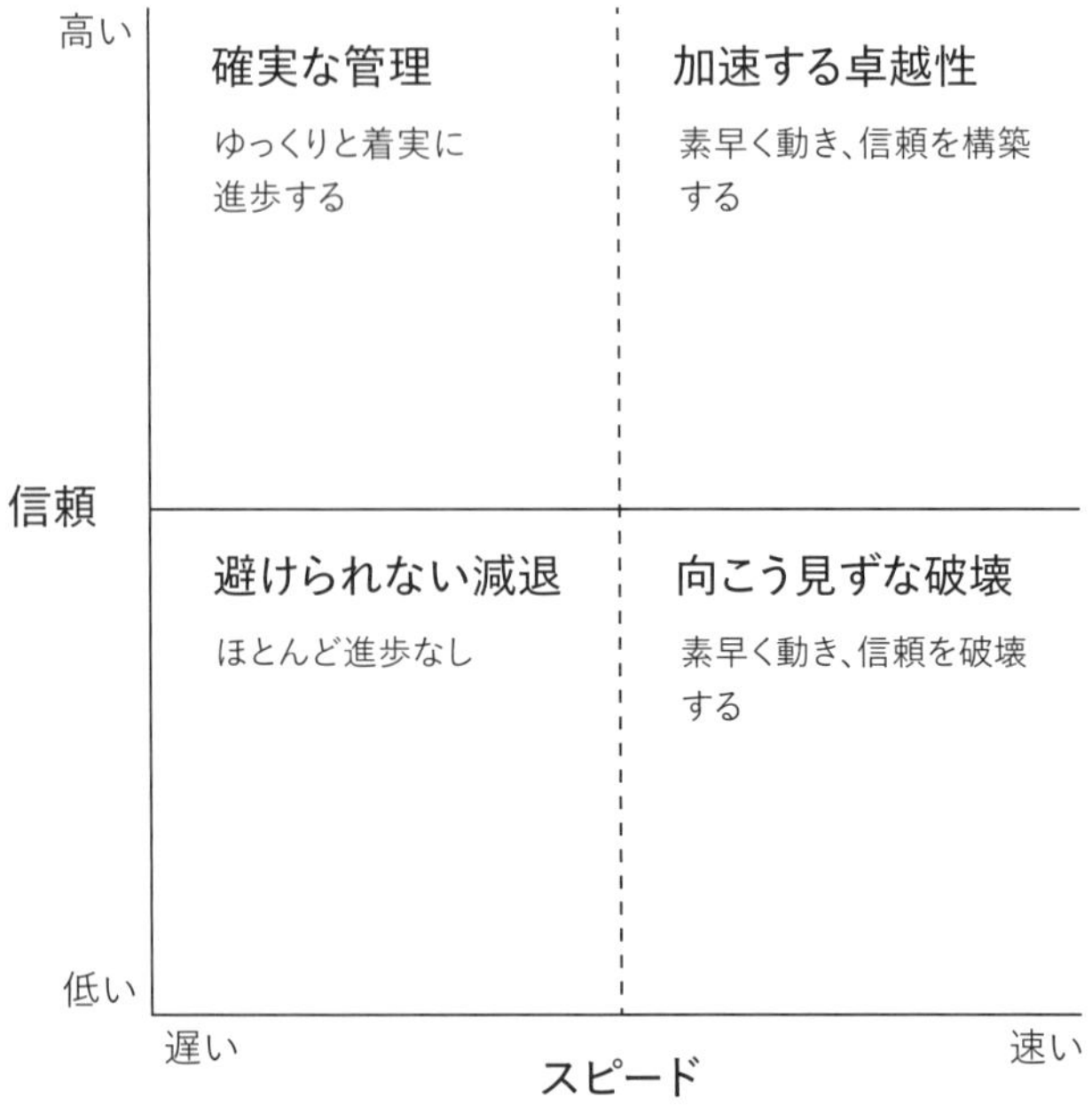
高い
確実な管理
ゆっくりと着実に
進歩する
加速する卓越性
素早く動き、信頼を構築
する
信頼
避けられない減退
ほとんど進歩なし
向こう見ずな破壊
素早く動き、信頼を破壊
する
低い
遅い
速い
スピード

もっとも重要なのは、これからどうなるかだ。ほんの「1週間」前には到達不可能に思えたどんな目的地が見えてきただろうか？　私たちは信頼とスピードを大いに気にかけてはいるが、もっとも気にかけているのは、何であれあなたが自分の組織のなかでもたらそうとしている変化だ。そして、なかには、それをはるかに超えていく人もいるだろう。マップやら図形やらダイヤルやらを用いて本当に測定しようとしていたのは、可能性である。月曜日の朝と比べて、金曜日の午後には、より改革が可能だと感じられただろうか？　もしそうだとしたら、今週は大成功だ。

旅人たちよ、今そなたたちに与えられた任務は休息である。ひと息つくのは気が進まないという人たちのために、最高のパフォーマンスに関する研究をおこなっているジム・レーヤーとトニー・シュワルツを紹介しよう。二人は、大きな成果を挙げる人たちに休息をとらせるという任務に数十年にわたって取り組んでいる。レーヤーとシュワルツは研究で一流のアスリートを観察するなかで、「高パフォーマンスの真の敵はストレスではない……問題は、規則正しい間欠的な回復の欠如である」と結論づけた。（注1）彼らの画期的な洞察から得る主要な教訓は、多大な努力としっかりした再生、すなわち全力疾走と回復を組み合わせることの重要性だ。これはまた、組織にとっても重要なことである。とすると、私たちのプレイブックの拡張版は、素早く動き、信頼を構築し、休息をとる、となる。そして、生命力が回復したら、またはじめから繰り返すのだ。これが、改革のリーダーシップを可能にする仕組みの例えとして、1週間ということばを用いるのが好きな理由のひとつだ。1週間を過ごせば、いつだって週末がやってくるのだから。

では、休息はいつとればいいのだろうか？　レーヤーとシュワルツなら、計画的にとるようにと言うだろう。良いに始まり、素晴らしいに至るまでの改革計画を立てて実行したのと同じ厳密さで、回復の時間をスケジュールに組み込むのだ。私たちの友人であるアリアナ・ハフィントンなら、危機が起きるのを待っていてはいけないと言うだろう。（注2）「昼寝省」を創設したことで有名なトリシア・ハーシーなら、どこであろうと休めるときにひと休みするよう勧めるだろう。まだ自分の時間を十分に管理できていないならなおのことだ。（注3）この点に関して自分に正直でいるために、私たちはしばしば、心に突き刺さるようなメアリー・オリバーの問いを思い浮かべる。「ねえ、ほんのひと息しかつかずに、それを人生と呼ぶの？」（注4）

私たちはこれから手本となる行動を示し、あなたに週末を楽しんでもらおうと思う。再び課題に取り組む準備ができたときにはいつでも、月曜日の朝と呼ぶ準備ができたときにはいつでも、次のことを思い出してほしい。あなたが抱えている課題の中心には揺らいでいる関係性がある。その関係を修復するために素早く動いたらどうなるかを見いだそう。そして、もっとも重要な瞬間は今であるという判断を下すのだ。

用語集

DEI　組織内でダイバーシティ、エクイティ、インクルージョンを正式に推進すること
愛する　高い基準を設定すると同時に深い献身を示すこと
錨　信頼の要素である真正性、共感、論理のうちいずれかを安定させる柱
インクルージョン・ダイヤル　個々の職場への帰属感を示す目盛りで、安全から無敵へと進行する
確実な管理　ゆっくりと着実に進歩すること
加速する卓越性　素早く動き、信頼を構築すること
課題　組織の前進を阻む大きな壁。「案件」や（直観的に理解しづらい）「機会」と呼ばれることもある
火曜日の朝の自信　リーダーとして、活動と影響とをはっきり区別しているという確信
帰属感　チーム、そして（あるいは）組織とたしかにつながっているという感覚。「インクルージョン」の代用語
共同でおこなう作業　2人以上の人間が作業に参加すること。サービス業では、従業員と顧客が共に作業にかかわる。対照的に、製造業では、従業員のみが商品を生産する
月曜日の朝の質問　組織の業績の妨げとなるものを明るみに出すための会話のきっかけ
献身　他者の成功への力強く堂々とした関与
賢明な失敗　何かを達成しようとするなかで失敗に終わった試み
こてんぱんにやっつける　競い合って劇的な勝利を収めること

避けられない減退　ほとんど進歩しないこと

信頼　人、チーム、組織が示すことば、そして（あるいは）行動を頼りにしようとする意志

切迫感　焦点を絞って取り組むことで、素早く戦略的な行動を起こすのを可能にするもの

とても良い計画　「より良い計画」の改良を意図した後続版

日曜日の晩のデータ　追加分析をおこなう前の、組織の既存データ

侮辱リスト　従業員のパフォーマンスの妨げとなるものの一覧。ささいなことに見えても、まとまると同僚たちの業績、エンゲージメント、尊厳を害する

文化の戦士　ひるむことなく自分の組織の文化を見つめ、それを変えられると確信している人

まずまずの計画　信頼を築くと同時にスピードをも上げる試験的プロジェクトの集合体で、「より良い計画」の先行版

向こう見ずな破壊　素早く動き、信頼を破壊すること

ものすごい　非常に前向き、さらに（あるいは）有能であること。アメリカ以外の場所で用いられる頻度は低い

やればできるのレズビアン精神　物事を改善するエネルギーと自信

有能な　顧客のニーズに応える能力があること

揺らぎ　信頼の要素である真正性、共感、論理のうちいずれかの柱が不安定な状態

より良い計画　「まずまずの計画」の改良を意図した後続版

リーダーシップ　その場にいるときも不在のときも、他の人たちの行動を可能にし、彼らをエンパワーすること。そしてまた、他の人たちが成功できる状況を生み出すこと

原注

序章

1. Frances Frei and Anne Morriss, *Unleashed: The Unapologetic Leader's Guide to Empowering Everyone Around You* (Boston: Harvard Business Review Press, 2020). (『世界最高のリーダーシップ』PHP研究所)
2. Facebook, Form S-1 (filed February 1, 2012), via SEC, https://www.sec.gov/Archives/edgar/data/1326801/000119312512034517/d287954ds1.htm.

第1章

1. Francesca Gino, *Rebel Talent: Why It Pays to Break the Rules at Work and Life* (New York: Dey Street Books, 2018). (『イヤな奴ほど仕事ができる』日本経済新聞出版)
2. "Hershey CEO Michele Buck on Empowering Internal Change Agents," interview by Adi Ignatius, *Harvard Business Review* digital article, April 19, 2022, https://hbr.org/2022/04/hershey-ceo-michele-buck-on-empowering-internal-change-agents.
3. "Hershey CEO Michele Buck."
4. Rob Reed, "The Kat Cole Story: Unlikely Success at the Intersection of Hooters and Cinnabon," Forbes, August 26, 2020, https://www.forbes.com/sites/robreed/2020/08/26/the-kat-cole-story-unlikely-success-at-the-intersection-of-hooters-and-cinnabon/.
5. クリスティーン・キアンへのインタビュー。2023年3月10日に実施。
6. A・J・ハバードへのインタビュー。2022年2月10日に実施。
7. 過去数十年分の戦略に関する研究成果の贈り物として、今では企業の戦略的立場に洞察をもたらす優れたフレームワークが数多く公開され、容易に利用できるようになっている。私たちのお気に入りのひとつとして、『Better, Simpler Strategy』(Boston: Harvard Business Review Press, 2021) の著者で同僚のフェリックス・オーバーフォルツァー・ジーの「特性マップ」や「バリュースティック」を用いたフレームワークが、彼の生み出したその他の考えかたに加え挙げられる。(『「価値」こそがすべて！』東洋経済新報社)
8. ジョリーはこれについての詳しい話を、その他の素晴らしい助言と共に、その優れた著書『The Heart of Business: Leadership Principles for the Next Era of Capitalism』(Boston: Harvard Business Review Press, 2021) にまとめている。(『THE HEART OF BUSINESS (ハート・オブ・ビジネス)』英治出版)
9. Michael S. Hopkins, "Scott Cook, Intuit because He Learns, and Teaches," Inc., February 6, 2020, https://www.inc.com/magazine/20040401/25cook.html.
10. Geoff Colvin, "How Intuit Reinvents Itself," *Fortune*, November 1, 2017, https://fortune.com/2017/10/20/how-intuit-reinvents-itself/.

11. Yuki Noguchi, "Health Workers Know What Good Care Is. Pandemic Burnout Is Getting in the Way," NPR, October 2, 2017, https://www.npr.org/sections/healt-shots/2021/10/02/1039312524/health-workers-know-what-good-care-is-pandemic-burnout-is-getting-in-the-way.

第 2 章

1. David Foster Wallace, *This Is Water: Some Thoughts, Delivered on a Significant Occasion, about Living a Compassionate Life* (New York: Little, Brown, 2009), 117.(『これは水です』田畑書店)
2. Amy C. Edmondson and Hanna Rodriguez-Farrar, "The Electric Maze Exercise," Harvard Business School Exercise 604–046, October 2003 (rev. January 2004).
3. 賢明な失敗についての爽快な説明は、エイミー・C・エドモンドソンの『Right Kind of Wrong: The Science of Failing Well』(New York: Atria Books, 2023) を参照のこと。
4. Jake Gibson, "Celebrating Failure: How to Make a Hit out of Misses," Entrepreneur, March 19, 2014, https://www.entrepreneur.com/growing-a-business/celebrating-failure-how-to-make-a-hit-out-of-misses/232323.
5. Gibson, "Celebrating Failure."
6. Michael Schrage, *The Innovator's Hypothesis: How Cheap Experiments Are Worth More Than Good Ideas* (Cambridge, MA: MIT Press, 2014), 60.
7. Frances Frei and Anne Morriss, *Unleashed: The Unapologetic Leader's Guide to Empowering Everyone Around You* (Boston: Harvard Business Review Press, 2020).(『世界最高のリーダーシップ』PHP 研究所)
8. Leslie Hook, "Can Uber Ever Make Money?," Uber Technologies, *Financial Times*, June 22, 2017, https://www.ft.com/content/09278d4e-579a-11e7-80b6-9bfa4c1f83d2.
9. Sheelah Kolhatkar, "At Uber, a New C.E.O. Shifts Gears," *New Yorker*, March 30, 2018, https://www.newyorker.com/magazine/2018/04/09/at-uber-a-new-ceo-shifts-gears; Dara Khosrowshahi, "A New Future for Uber and Grab in Southeast Asia," Uber Newsroom, March 26, 2018, https://www.uber.com/newsroom/uber-grab/.
10. Mike Ettore, "Why Most New Executives Fail—and Four Things Companies Can Do About It," *Forbes*, March 13, 2020, https://www.forbes.com/sites/forbescoachescouncil/2020/03/13/why-most-new-executives-fail-and-four-things-companies-can-do-about-it/.
11. Jeff Feng, Erin Coffman, and Elena Grewal, "How Airbnb Democratizes Data Science with Data University," *Medium*, May 24, 2017, https://medium.com/airbnb-engineering/how-airbnb-democratizes-data-science-with-data-university-3eccc71e073a.

12. Alessandro Di Fiore, "Why AI Will Shift Decision Making from the CSuite to the Front Line," *Harvard Business Review*, August 3, 2018, https://hbr.org/2018/08/why-ai-will-shift-decision-making-from-the-c-suite-to-the-frontline.
13. Stuart Dredge, "Steve Jobs Resisted Third-Party Apps on iPhone, Biography Reveals," *Guardian*, October 24, 2011, https://www.theguardian.com/technology/appsblog/2011/oct/24/steve-jobs-apps-iphone; "The App Store Turns 10," press release, Apple website, July 5, 2018, https://www.apple.com/newsroom/2018/07/app-store-turns-10/.
14. Frances Frei and Anne Morriss, *Uncommon Service: How to Win by Putting Customers at the Core of Your Business* (Boston: Harvard Business Review Press, 2012).（『ハーバード・ビジネススクールが教える 顧客サービス戦略』日経BP）
15. Ryan W. Buell, Robert S. Huckman, and Sam Travers, "Improving Access at VA," Case 617-012, (Harvard Business School, Boston, November 2016 [rev. August 2020]).
16. Elizabeth A. Harris, "How Barnes & Noble Went from Villain to Hero," *New York Times*, April 15, 2022, https://www.nytimes.com/2022/04/15/arts/barnes-noble-bookstores.html.
17. "Neither Entitled nor Titled: Why We Have No Titles at Gusto," press release, Gusto website, March 28, 2016, https://gusto.com/company-news/why-we-have-no-titles.
18. "Neither Entitled nor Titled."
19. Ryan Roslansky, "LinkedIn CEO Ryan Roslansky: 'Your Next Best Employee Is Most Likely Your Current Employee,'" *Fortune*, March 20, 2023, https://fortune.com/2023/03/20/linkedin-ceo-ryan-roslansky-best-employee-careers-leadership-tech/.
20. Matthew Bidwell, "Paying More to Get Less: Specific Skills, Matching, and the Effects of External Hiring versus Internal Promotion," *Administrative Science Quarterly* 56, no. 3 (2011): 369–407.
21. Michael P. Jeffries, "The Remarkable Rise of Tiffany Haddish," *Atlantic*, September 7, 2017, https://www.theatlantic.com/entertainment/archive/2017/09/the-remarkable-rise-of-tiffany-haddish/538872/.
22. Claire Hughes Johnson, *Scaling People: Tactics for Management and Company Building* (San Francisco: Stripe Press, 2023).
23. Frei and Morriss, *Unleashed*.（『世界最高のリーダーシップ』PHP 研究所）
24. ハーバード・ビジネススクールの同僚たちは、一時解雇の影響に関して素晴らしい研究をおこなっている。まずはこちらを読んでみてほしい。Sandra J. Sucher and Shalene Gupta, "Layoffs That Don't Break Your Company," *Harvard Business Review*, May–June 2018.

25. Kolhatkar, "At Uber, a New C.E.O. Shifts Gears"; Khosrowshahi, "A New Future for Uber and Grab in Southeast Asia."
26. Gloria Steinem, *My Life on the Road* (New York: Random House, 2015).
27. Hamdi Ulukaya, "The Anti-CEO Playbook," 2019年4月にTEDでおこなわれたスピーチ。
28. "Patagonia's Next Chapter: Earth Is Now Our Only Shareholder," press release, Patagonia website, September 14, 2022, https://www.patagoniaworks.com/press/2022/9/14/patagonias-next-chapter-earth-is-now-our-only-shareholder.
29. Harris Insights & Analytics, "2022 Axios Harris Poll 100," PowerPoint Presentation, 2022.
30. Lauren Aratani, "'We've Lost the Right to Be Pessimistic': Patagonia Treads Fine Line Tackling Climate Crisis as For-Profit Company," *Guardian*, March 12, 2023, https://www.theguardian.com/business/2023/mar/12/patagonia-climate-crisis-for-profit-company; Shelley E. Kohan, "Patagonia's Bold Move Shakes Up the Ideas of Capitalism and Consumerism," *Forbes*, September 15, 2022, https://www.forbes.com/sites/shelleykohan/2022/09/15/patagonias-bold-move-shakes-up-the-ideas-of--capitalism-and-consumerism/?sh=121bab624518.
31. 彼の素晴らしい著書『Let My People Go Surfing: The Education of a Reluctant Businessman』(New York: Penguin Books, 2006) のおかげでこの作業が楽になる。(『新版 社員をサーフィンに行かせよう』ダイヤモンド社)
32. Sara Fischer, "Tech Firms' Big Trust Gap," Axios, May 25, 2022, https://www.axios.com/2022/05/25/tech-firms-big-trust-gap-harris-reputation-survey; Jeff Horwitz, "Facebook Says Its Rules Apply to All. Company Documents Reveal a Secret Elite That's Exempt," *Wall Street Journal*, September 13, 2021, https://www.wsj.com/articles/facebook-files-xcheck-zuckerberg-elite-rules-11631541353?mod=hp_lead_pos7.
33. Michael Bartiromo and Nexstar Media Wire, "Airline Passenger Claims United Was 'Lying' about Lost Luggage after AirTag Showed It at 'Mystery' Building," *Hill*, January 3, 2023, https://thehill.com/homenews/nexstar_media_wire/3796854-airline-passenger-claims-united-was-lying-about-lost-luggage-after-airtag-showed-it-at-mystery-building/.

第3章

1. Henrik Bresman and Amy C. Edmondson, "Research: To Excel, Diverse Teams Need Psychological Safety," *Harvard Business Review*, March 17, 2022, https://hbr.org/2022/03/research-to-excel-diverse-teams-need-psychological-safety.
2. Kara Swisher, "There Is a Reason Tech Isn't Safe," *New York Times*, December 13, 2019, https://www.nytimes.com/2019/12/13/opinion/uber-silicon-valley.html.
3. David Gigone and Reid Hastie, "The Common Knowledge Effect: Information

Sharing and Group Judgment," *Journal of Personality and Social Psychology* 65, no. 5 (1993): 959–974, doi: 10.1037/0022-3514.65.5.959.
4. Randall S. Peterson and Heidi K. Gardner, "Is Your Board Inclusive—or Just Diverse?" *Harvard Business Review*, September 28, 2022, https://hbr.org/2022/09/is-your-board-inclusive-or-just-diverse.
5. Starbucks, "'I Want People to Feel Like They Belong': Starbucks I&D Chief Dennis Brockman Focuses on Ultimate Goal," https://stories.starbucks.com/stories/2022/starbucks-i-and-d-chief-dennis-brockman-focuses-on-ultimate-goal/.
6. Robert Reiss, "I Asked the World's Top CEOs if They're Taking Diversity Seriously. Here's Why Their Answers Could Change Your Life," *Fortune*, November 23, 2022, https://fortune.com/2022/11/23/world-top-ceos-diversity-seriously-careers-workplace-leadership-robert-reiss/.
7. Sylvia Ann Hewlett and Kenji Yoshino, "LGBT-Inclusive Companies Are Better at 3 Big Things," *Harvard Business Review*, February 2, 2016, https://hbr.org/2016/02/lgbt-inclusive-companies-are-better-at-3-big-things; "What Job Seekers Really Think about Your Diversity and Inclusion Stats," Glassdoor for Employers, July 12, 2021, https://www.glassdoor.com/employers/blog/diversity/; Jennifer Miller, "For Younger Job Seekers, Diversity and Inclusion in the Workplace Aren't a Preference. They're a Requirement," *Washington Post*, February 18, 2021, https://www.washingtonpost.com/business/2021/02/18/millennial-genz-workplace-diversity-equity-inclusion/.
8. Karen Brown, "To Retain Employees, Focus on Inclusion—Not Just Diversity," *Harvard Business Review* Digital Articles, December 4, 2018, https://hbr.org/2018/12/to-retain-employees-focus-on-inclusion-not-just-diversity; Jonathan S. Leonard and David I. Levine, "The Effect of Diversity on Turnover: A Large Case Study," *ILR Review* 59, no. 4 (2006): 547–572; SHRM Foundation, "Why Hire a Vet? The Business Case for Hiring Military Veterans," 2017, https://www.shrm.org/foundation/ourwork/initiatives/engaging-and-integrating-military-veterans/Documents/13056-G-01_SHRMF_WhyHireVet.pdf.
9. Josh Bersin, "Why Diversity and Inclusion Will Be a Top Priority for 2016," *Forbes*, December 6, 2015, https://www.forbes.com/sites/joshbersin/2015/12/06/why-diversity-and-inclusion-will-be-a-top-priority-for-2016/?sh=5b608aa32ed5.
10. David Rock and Heidi Grant, "Why Diverse Teams Are Smarter," *Harvard Business Review* digital articles, November 4, 2016, https://hbr.org/2016/11/why-diverse-teams-are-smarter.
11. Mursal Hedayat, "Diversity in the Workplace Is Now More Critical Than Ever," *Forbes*, June 24, 2020, https://www.forbes.com/sites/mursalhedayat/2020/06/24/diversity-in-the-workplace-is-now-more-critical-than-ever/?sh=17b015ad60aa.
12. Sylvia Ann Hewlett, Melinda Marshall, and Laura Sherbin, "How Diversity Can

Drive Innovation," *Harvard Business Review*, December 2013.
13. David A. Thomas, "Diversity as Strategy," *Harvard Business Review*, September 2004.
14. Accenture, AAPD, and Disability:IN, "Getting to Equal: The Disability Inclusion Advantage," 2018, https://www.accenture.com/_acnmedia/pdf-89/accenture-disability-inclusion-research-report.pdf.
15. Corinne Post, Boris Lokshin, and Christophe Boone, "Research: Adding Women to the C-Suite Changes How Companies Think," *Harvard Business Review* digital articles, April 6, 2021, https://hbr.org/2021/04/research-adding-women-to-the-c-suite-changes-how-companies-think.
16. Hewlett, Marshall, and Sherbin, "How Diversity Can Drive Innovation"; Rocio Lorenzo and Martin Reeves, "How and Where Diversity Drives Financial Performance," *Harvard Business Review* digital article, January 30, 2018, https://hbr.org/2018/01/how-and-where-diversity-drives-financial-performance.
17. Rock and Grant, "Why Diverse Teams Are Smarter"; Katherine W. Phillips, Katie A. Liljenquist, and Margaret A. Neale, "Is the Pain Worth the Gain? The Advantages and Liabilities of Agreeing with Socially Distinct Newcomers," *Personality and Social Psychology Bulletin* 35, no. 3 (2009): 336–350.
18. Erik Larson, "New Research: Diversity + Inclusion = Better Decision Making at Work," *Forbes*, September 21, 2017, https://www.forbes.com/sites/eriklarson/2017/09/21/new-research-diversity-inclusion-better-decision-making-at-work/?sh=2b18fba94cbf.
19. Alexa A. Perryman, Guy D. Fernando, and Arindam Tripathy, "Do Gender Differences Persist? An Examination of Gender Diversity on Firm Performance, Risk, and Executive Compensation," *Journal of Business Research* 69, no. 2 (February 2016): 579–586; Corinne Post, Boris Lokshin, and Christophe Boone, "What Changes after Women Enter Top Management Teams? A GenderBased Model of Strategic Renewal," *Academy of Management Journal* 65, no. 1 (February 16, 2022), https://doi.org/10.5465/amj.2018.1039.
20. Paul Gompers and Silpa Kovvali, "The Other Diversity Dividend," *Harvard Business Review*, July–August 2018; "Yes, Investors Care about Gender Diversity," Kellogg Insight, March 2, 2020, https://insight.kellogg.northwestern.edu/article/women-in-tech-finance-gender-diversity-investors; Catalyst, "The Bottom Line: Connecting Corporate Performance and Gender Diversity," 2004, https://www.catalyst.org/wp-content/uploads/2019/01/The_Bottom_Line_Connecting_Corporate_Performance_and_Gender_Diversity.pdf.
21. Stephen Scott and Amy Edmondson, "Unlocking Diversity's Promise: Psychological Safety, Trust and Inclusion," *Reuters*, April 13, 2021, https://www.reuters.com/article/bc-finreg-unlocking-diversity-inclusion/unlocking-diversitys-promise-psychological-safety-trust-and-inclusion-idUSKBN2C01N2.

22. McKinsey & Company, "Diversity Wins: Inclusion Matters," 2020, https://www.mckinsey.com/~/media/mckinsey/featured%20insights/diversity%20and%20inclusion/diversity%20wins%20how%20inclusion%20matters/diversity-wins-how-inclusion-matters-vf.pdf; American Sociological Association, "Diversity Linked to Increased Sales Revenue and Profits, More Customers," ScienceDaily, April 3, 2009, https://www.sciencedaily.com/releases/2009/03/090331091252.htm; Credit Suisse Research Institute, "The Credit Suisse Gender 3000 in 2021: Broadening the Diversity Discussion," 2021, file:///Users/dteppert/Downloads/csri-2021-gender-3000.pdf.
23. National Sexual Violence Resource Center, "False Reporting," 2012, https://www.nsvrc.org/sites/default/files/2012-03/Publications_NSVRC_Overview_False-Reporting.pdf.
24. Chai R. Feldblum and Victoria A. Lipnic, "Select Task Force on the Study of Harassment in the Workplace," US Equal Employment Opportunity Commission, June 2016, https://www.eeoc.gov/select-task-force-study-harassment-workplace#_Toc453686298; National Sexual Violence Resource Center, "False Reporting."
25. Feldblum and Lipnic, "Select Task Force on the Study of Harassment in the Workplace."
26. Tina Opie and Beth A. Livingston, *Shared Sisterhood: How to Take Collective Action for Racial and Gender Equity at Work* (Boston: Harvard Business Review Press, 2022).
27. Michael Housman and Dylan Minor, "Toxic Workers," HBS Working Paper No. 16-057 (Boston: Harvard Business School Publishing, 2015), https://www.hbs.edu/ris/Publication%20Files/16-057_d45c0b4f-fa19-49de-8f1b-4b12fe054fea.pdf.
28. Bresman and Edmondson, "Research."
29. Charles Duhigg, "What Google Learned from Its Quest to Build the Perfect Team," *New York Times Magazine*, February 25, 2016, https://www.nytimes.com/2016/02/28/magazine/what-google-learned-from-its-quest-to-build-the-perfect-team.html.
30. Julia Rozovksy, "The Five Keys to a Successful Google Team," re:Work, November 17, 2015, https://rework.withgoogle.com/blog/five-keys-to-a-successful-google-team/.
31. Bresman and Edmondson, "Research."
32. Workhuman, "How to Build Psychological Safety," July 2021, https://www.workhuman.com/resources/research-reports/how-to-build-psychological-safety.
33. Ruchika Tulshyan, "Why Is It So Hard to Speak Up at Work?," *New York Times*, March 15, 2021, https://www.nytimes.com/2021/03/15/us/workplace-psychological-safety.html.
34. Catalyst, "The Impact of Covid-19 on Workplace Inclusion: Survey," July 15,

2020, https://www.catalyst.org/research/workplace-inclusion-covid-19/.
35. Amy C. Edmonson, *The Fearless Organization: Creating Psychological Safety in the Workplace for Learning, Innovation, and Growth* (Hoboken, NJ: John Wiley & Sons, 2018).（『恐れのない組織』英治出版）
36. Gitlab, “Psychological Safety,” https://about.gitlab.com/handbook/leadership/emotional-intelligence/psychological-safety/#additional-resources.
37. Frances Frei and Anne Morriss, *Unleashed: The Unapologetic Leader's Guide to Empowering Everyone Around You* (Boston: Harvard Business Review Press, 2020).（『世界最高のリーダーシップ』PHP 研究所）
38. Frei and Morriss, *Unleashed.*（『世界最高のリーダーシップ』PHP 研究所）
39. Frei and Morriss, *Unleashed.*（『世界最高のリーダーシップ』PHP 研究所）
40. Amy Elisa Jackson, “Why Salesforce's New Equality Chief Is Thinking Beyond Diversity,” *Fast Company*, March 20, 2017, https://www.fastcompany.com/3069082/why-salesforces-new-equality-chief-is-thinking-beyond-diversity.
41. Rosalind Chow, “Don't Just Mentor Women and People of Color. Sponsor Them,” *Harvard Business Review* digital article, June 30, 2021, https://hbr.org/2021/06/dont-just-mentor-women-and-people-of-color-sponsor-them.
42. インクルージョンの文化づくりに関するひらめきと知恵を求め、気づくとつい手に取っている２冊の本は、Lily Zheng の『DEI Deconstructed: Your No-Nonsense Guide to Doing the Work and Doing It Right』(Oakland, CA: BerrettKoehler Publishers, 2022) と Ruchika Tulshyan の『Inclusion on Purpose: An Intersectional Approach to Creating a Culture of Belonging at Work』(Cambridge: MIT Press, 2022) である。
43. Francesca Gino et al., “Leaders Reflect on Diversity, Equity, and Inclusion,” HBS Multimedia Courseware No. 923-701 (Boston: Harvard Business School Publishing, 2022).
44. Gino et al., “Leaders Reflect on Diversity, Equity, and Inclusion.”
45. E. Annie Proulx, *The Shipping News* (New York: Scribner Classics, 1994).（『シッピング・ニュース』集英社）
46. バイロン・ケイティからは計り知れないほどのことを学んだ。根本的な語りかけだけでなく、すべての語りかけに疑問をもつよう促された。ケイティの「4つの質問」によって、最終的には自身が解放される。さて、この語りかけがなければ、自分はどんな人間になっているだろうか？
47. Anne Morriss, Robin J. Ely, and Frances Frei, “Managing Yourself: Stop Holding Yourself Back,” *Harvard Business Review*, January–February 2011.

第 4 章

1. Howard Gardner, *Leading Minds: An Anatomy of Leadership* (New York: Basic Books, 1995), 41.（『リーダーの肖像』青春出版社）
2. Richard Feloni, “The T-Mobile CEO Who Calls His Competition ‘Dumb and

Dumber' Explains How He Doubled Customers in 4 Years, and How a Group of Employees Made Him Cry," *Business Insider*, October 17, 2016, https://www.businessinsider.com/t-mobile-ceo-john-legere-company-culture-2016-10.

3. Merlijn Venus, Daan Stam, and Daan van Knippenberg, "Visions of Change as Visions of Continuity," *Academy of Management Journal* 62, no. 3 (June 2019): 667–690.
4. Valerie Strauss, "Harvard Business Dean Apologizes for Sexism on Campus," *Washington Post*, February 1, 2014, https://www.washingtonpost.com/news/answer-sheet/wp/2014/02/01/harvard-business-dean-apologizes-for-sexism-on-campus/.
5. "Our First Steps Forward," Riot Games press release, August 29, 2018, https://www.riotgames.com/en/who-we-are/our-first-steps-forward.
6. Keach Hagey et al., "Facebook's Pushback: Stem the Leaks, Spin the Politics, Don't Say Sorry," *Wall Street Journal*, December 29, 2021.
7. Emma Barker, "What the Facebook Whistleblower Did to the Company's Stock in 6 Weeks," *Time*, October 25, 2021, https://time.com/6104351/facebook-stock-whistleblower/.
8. 同僚のロザベス・モス・カンターは、改革のリーダーシップについて数十年にわたって思索し、執筆している。私たちが本書で何かしら貢献できているのも、すべて彼女の洞察と学識があってこそだ。
9. Jeff Haden, "10 Years Ago, 'Cardboard' Pizza Almost Killed Domino's. Then, Domino's Did Something Brilliant," *Inc.*, January 14, 2021, https://www.inc.com/jeff-haden/10-years-ago-cardboard-pizza-almost-killed-dominos-then-dominos-did-something-brilliant.html.
10. Haden, "10 Years Ago, 'Cardboard' Pizza Almost Killed Domino's."
11. Matt Higgins は、そのベストセラー書『Burn the Boats: Toss Plan B Overboard and Unleash Your Full Potential』(New York: William Morrow, 2023) で、傑作ともいえるこの概念について記している。
12. Martin Neubert, "Ørsted's Renewable-Energy Transformation," interview by Christer Tryggestad, McKinsey, July 10, 2020.
13. Ørsted, "A Business Plan for Green Transformation," online advertisement hosted by *The Guardian*, https://www.theguardian.com/advertiser-content/orsted/a-business-plan-for-green-transformation, accessed December 2022.
14. Justin Bariso, "Amazon Has a Secret Weapon Known as 'Working Backwards'—and It Will Transform the Way You Work," *Inc.*, December 16, 2019, https://www.inc.com/justin-bariso/amazon-uses-a-secret-process-for-launching-new-ideas-and-it-can-transform-way-you-work.html.
15. Ryan Pendell, "6 Scary Numbers for Your Organization's C-Suite," *Gallup Workplace*, October 30, 2018, https://www.gallup.com/workplace/244100/scary-numbers-organization-suite.aspx.

16. Mary Catherine Bateson, *Peripheral Visions: Learning along the Way*, 1st ed. (New York: HarperCollins Publishers, 1994), 10.
17. "Barrier-Breaking CEO Ursula Burns Offers Her Advice about What People Need from Leaders Now," California Conference for Women, https://www.caconferenceforwomen.org/barrier-breaking-ceo-ursula-burns-offers-her-advice-about-what-people-need-from-leaders-now/.
18. "Barrier-Breaking CEO Ursula Burns Offers Her Advice."
19. Jan Carlzon, *Moments of Truth* (Cambridge, MA: Ballinger, 1987).（『真実の瞬間』ダイヤモンド社）
20. Margherita Beale, "A Fast-Selling Line of Pantry Staples Is Helping Momofuku Survive the Pandemic—and Figure Out the Future of Restaurants," *Forbes*, December 12, 2020, https://www.forbes.com/sites/margheritabeale/2020/12/12/a-sold-out-line-of-pantry-staples-is-helping-momofuku-survive-the-pandemic-and-figure-out-the-future-of-restaurants/?sh=54c50a0b2683.
21. Elizabeth G. Dunn, "Momofuku's Secret Sauce: A 30-Year-Old C.E.O.," *New York Times*, August 16, 2019, https://www.nytimes.com/2019/08/16/business/momofuku-ceo-marguerite-mariscal.html#:~:text=Marguerite%20Zabar%20Mariscal%2C%20who%20started,they%20expand%20a%20restaurant%20empire.
22. Bryce Hoffman, "Have a Plan, Keep It Simple—and Stick to It," *Forbes*, March 31, 2015, https://www.forbes.com/sites/brycehoffman/2015/03/31/have-a-plan-keep-it-simple-and-stick-to-it/?sh=1bc0ab0248ff.
23. Tsedal Neeley and Paul Leonardi, "Effective Managers Say the Same Thing Twice (or More)," *Harvard Business Review*, May 2011.
24. Dharmesh Shah, "The Remarkable Power of Repeating Your Mission and Culture," ThinkGrowth.org, March 5, 2018, https://thinkgrowth.org/the-remarkable-power-of-repeating-your-mission-and-culture-984f7cc65acb.
25. Marguerite Ward, "Why Pepsico CEO Indra Nooyi Writes Letters to Her Employees' Parents," CNBC, February 1, 2017, https://www.cnbc.com/2017/02/01/why-pepsico-ceo-indra-nooyi-writes-letters-to-her-employees-parents.html#:~:text=The%20letters%20make%20her%20employees,employee's%20view%20of%20their%20company.
26. Daniel Goleman, Richard Boyatzis, and Annie McKee, "Primal Leadership: The Hidden Driver of Great Performance," *Harvard Business Review*, December 2001.
27. Brooks Holtom, Amy C. Edmondson, and David Niu, "5 Tips for Communicating with Employees during a Crisis" *Harvard Business Review* digital article, July 9, 2020, https://hbr.org/2020/07/5-tips-for-communicating-with-employees-during-a-crisis.
28. 同僚のロビン・エリーによる、厳しいルールと境界線のあるシステムで誰もが払う代償に関する研究には大いに影響を受けている。
29. Youngme Moon, Frances Frei, and F. Katelynn Boland, "Bringing Ideas to Life: The Story of Paul English," HBS No. 9-322-709 (Boston: Harvard Business School Publishing, 2022).
30. Ginni Rometty, Good Power: *Leading Positive Change in Our Lives, Work, and World* (Boston: Harvard Business Review Press, 2023).
31. Adia Harvey Wingfield, "Are Some Emotions Marked 'Whites Only'? Racialized Feeling Rules in Professional Workplaces," *Social Problems* 57, no. 2 (May 2010): 251–268.
32. Francesca Gino and Jeffrey Huizinga. "Steve Kerr: Coaching the Golden State Warriors to Joy, Compassion, Competition, and Mindfulness," Case 921–001 (Boston: Harvard Business School Case, July 2020).
33. Nancy Koehn, *Forged in Crisis: The Making of Five Courageous Leaders*(New York: Scribner, 2017), 13.

第 5 章

1. Taylor Branch, *At Canaan's Edge: America in the King Years, 1965–68*(New York: Simon & Schuster, 2007).
2. Martin Luther King Jr., "Beyond Vietnam: A Time to Break Silence," 1967 年 4 月 4 日にニューヨークのリバーサイド教会でおこなわれたスピーチ。
3. ヴァレのリーダーシップが一助となって、同社はニューズウィーク誌の「もっとも愛される会社トップ 100」に 2 年連続でランクインした。同社の DEI の取り組みは公に評価されている。
4. Amazon, "2016 Letter to Shareholders," April 17, 2017, https://www.aboutamazon.com/news/company-news/2016-letter-to-shareholders.
5. Ralph Waldo Emerson, *Prudence* (New York and San Francisco: Morgan Shepard Company, 1906), 21.
6. 卓越性に関するこの根本的真理につい抵抗してしまうという人は、『Uncommon Service: "You Can't Be Good at Everything"』(Boston: Harvard Business Review Press, 2012)の第 1 章を参照してほしい。(『ハーバード・ビジネススクールが教える 顧客サービス戦略』日経 BP)
7. Frances Frei and Anne Morriss, *Unleashed: The Unapologetic Leader's Guide to Empowering Everyone Around You* (Boston: Harvard Business Review Press, 2020). (『世界最高のリーダーシップ』PHP 研究所)
8. これは the First Round Capital team: "The 6 Decision-Making Frameworks That Help Startup Leaders Tackle Tough Calls," *The Review* (blog), https://review.firstround.com/the-6-decision-making-frameworks-that-help-startup-leaders-tackle-tough-calls からの要約だ。
9. Sandra J. Sucher and Stacy McManus, "Ritz-Carlton Hotel Company, The." HBS Case 601-163 (Boston: Harvard Business School Publishing, 2001).

10. Don Yaeger, "Part II: Ritz Carlton's Schulze on Empowering Employees to Think Like Owners," *Chief Executive*, December 7, 2022, https://chiefexecutive.net/part-ii-ritz-carltons-schulze-on-empowering-employees-to-think-like-owners/.
11. Yaeger, "Part II: Ritz Carlton's Schulze."
12. Micah Solomon, "Heroic Customer Service: When Ritz-Carlton Saved Thomas the Tank Engine," *Forbes*, January 15, 2015, https://www.forbes.com/sites/micahsolomon/2015/01/15/the-amazing-true-story-of-the-hotel-that-saved-thomas-the-tank-engine/?sh=26859f8b230e.
13. Allan Lee, Sara Willis, and Amy Wei Tan, "When Empowering Employees Works, and When It Doesn't," *Harvard Business Review* digital article, March 2, 2018.
14. Frances Frei and Anne Morriss, *Uncommon Service: How to Win by Putting Customers at the Core of Your Business* (Boston: Harvard Business Review Press, 2012). (『ハーバード・ビジネススクールが教える 顧客サービス戦略』日経BP)
15. Alison Sider, "How Southwest Airlines Melted Down," *Wall Street Journal*, December 28, 2022, https://www.wsj.com/articles/southwest-airlines-melting-down-flights-cancelled-11672257523.
16. James L. Heskett, "Southwest Airlines 2002: An Industry Under Siege," Case 9-803-133 (Boston: Harvard Business School, 2003); and Frances Frei and Corey B. Hajim, "Rapid Rewards at Southwest Airlines," Case 602-065 (Boston: Harvard Business School, September 2001, revised August 2004).
17. この話はもともと、ハーバード・ビジネススクールのベイカー基金教授である偉大なアール・サッサーから2006年の12月に聞いたものだ。詳細は『ハーバード・ビジネススクールが教える 顧客サービス戦略』で紹介している。
18. Michael Basch, *Customer Culture: How FedEx and Other Great Companies Put the Customer First Every Day* (Upper Saddle River, NJ: Prentice Hall PTR, 2003), 8.
19. Basch, *Customer Culture*.
20. Edgar H. Schein, *Organizational Culture and Leadership* (San Francisco: Jossey-Bass, 1991). (『組織文化とリーダーシップ』白桃書房)
21. Dave Barry, *Dave Barry Turns Fifty* (New York: Ballantine Books, 1999), 181.
22. Microsoft, "Hybrid Work Is Just Work. Are We Doing It Wrong?" Work Trend Index Special Report, September 22, 2022, https://www.microsoft.com/en-us/worklab/work-trend-index/hybrid-work-is-just-work; Dialpad, "The State of Video Conferencing 2022," Dialpad (blog), dialpad.com/blog/video-conferencing-report/.
23. Korn Ferry, "Working or Wasting Time?" *Korn Ferry* (blog), November 13, 2019, https://www.kornferry.com/about-us/press/working-or-wasting-time;

Doodle, "The Doodle State of Meetings Report 2019," 2019, https://assets.ctfassets.net/p24lh3qexxeo/axrPjsBSD1bLp2HYEqoij/d2f08c2aaf5a6ed80ee53b5ad7631494/Meeting_Report_2019.pdf.
24. Claire Hughes Johnson, *Scaling People: Tactics for Management and Company Building* (San Francisco: Stripe Press, 2023), 382–390.
25. Frances Frei and Anne Morriss, *Fixable*, April 30, 2023, podcast, TED Audio Collective, https://www.ted.com/podcasts/fixable.
26. Frei and Morriss, *Fixable*.
27. Adam Bryant, "How to Run a More Effective Meeting," *New York Times*, https://www.nytimes.com/guides/business/how-to-run-an-effective-meeting.
28. Priya Parker, "Find Your Lighthouses," The Art of Gathering (blog), October 27, 2021, https://mailchi.mp/priyaparker/a-hosting-game-changer?e=7a0653eaa8.
29. Priya Parker, *The Art of Gathering: How We Meet and Why It Matters*(New York: Riverhead Books, 2018), 3.
30. J. D. C. Little, "A Proof for the Queuing Formula: L = a?W," *Operations Research* 9, no. 3 (1961): 383–387.
31. Phil Wahba, "Crafting a Comeback at Etsy," *Fortune*, July 25, 2019, https://fortune.com/2019/07/25/etsy-ecommerce-growth-strategies/.
32. Wahba, "Crafting a Comeback at Etsy."
33. David Gelles, "Inside the Revolution at Etsy," *New York Times*, November 25, 2017, https://www.nytimes.com/2017/11/25/business/etsy-josh-silverman.html.
34. Gelles, "Inside the Revolution at Etsy."
35. Mike Beedle et al., "Manifesto for Agile Software Development," http://agilemanifesto.org.
36. Amy C. Edmondson and Ranjay Gulati, "Agility Hacks," *Harvard Business Review*, November–December 2021. (『アジリティハック』ダイヤモンド社、電子版)
37. 企業の成長段階を問わず、エリック・リースの『The Lean Startup 』(New York: Crown Business, 2011) を読むこともおすすめする。ソフトウェア業界にいる人でなくとも、必要最小限の機能のみを備えた製品（MVP）という考えかたが力を発揮することがよくわかるだろう。(『リーン・スタートアップ』日経BP)
38. Edmondson and Gulati, "Agility Hacks." (『アジリティハック』ダイヤモンド社、電子版)
39. Edmondson and Gulati, "Agility Hacks." (『アジリティハック』ダイヤモンド社、電子版)
40. Francesca Gino, "Managing a Polarized Workforce," *Harvard Business Review*, March–April 2022.
41. Liane Davey, "An Exercise to Help Your Team Feel More Comfortable with

Conflict," *Harvard Business Review* digital article, March 14, 2019, https://hbr.org/2019/03/an-exercise-to-help-your-team-feel-more-comfortable-with-conflict.
42. Kerry Patterson, Joseph Grenny, Ron McMillan, and Al Switzler, *Crucial Conversations: Tools for Talking When Stakes Are High* (New York: McGraw-Hill, 2002).（『クルーシャル・カンバセーション』パンローリング）
43. キム・スコットは『Radical Candor: How to Get What You Want by Saying What You Mean』(New York: St. Martin's Press, 2017, 邦訳『GREAT BOSS（グレートボス）』東洋経済新報社）に続き『Just Work: How to Root Out Bias, Prejudice, and Bullying to Build a Kick-Ass Culture of Inclusivity』(New York: St. Martin's Publishing Group, 2021）のなかで､「私たち一人一人」のために「私たち全員」が取り組むことの力について述べている。
44. Chris Argyris, "Making the Undiscussable and Its Undiscussability Discussable," *Public Administration Review* 40, no. 3 (1980): 205–213.
45. Jeff Weiss and Jonathan Hughes, "Want Collaboration? Accept—and Actively Manage—Conflict," *Harvard Business Review*, March 2005.
46. Erin Meyer, "When Culture Doesn't Translate," *Harvard Business Review*, October 2015.
47. Matt Trombley, "The Beauty and Complexity of Finding Common Ground," 2020 年 .6 月に TED Conference でおこなわれたスピーチ。
48. Atif Masood Chaudhry and Rehman Asif, "Organizational Conflict and Conflict Management: A Synthesis of Literature," *Journal of Business and Management Research* 9 (2015): 238–244.
49. Karen A. Jehn and Elizabeth A. Mannix, "The Dynamic Nature of Conflict: A Longitudinal Study of Intragroup Conflict and Group Performance," *Academy of Management Journal* 44, no. 2 (April 2001): 238–251.
50. Linda A. Hill et al., *Collective Genius: The Art and Practice of Leading Innovation* (Boston: Harvard Business Review Press, 2014).（『ハーバード流　逆転のリーダーシップ』日本経済新聞出版）
51. Amanda Ripley, "These Radically Simple Changes Helped Lawmakers Actually Get Things Done," editorial, *Washington Post*, February 9, 2023, https://www.washingtonpost.com/opinions/2023/02/09/house-modernization-committee-bipartisan-collaboration-lessons/.
52. Chris Cioffi, "They Tried to Modernize Congress. Now Time Is Running Out," *Roll Call*, September 13, 2022, https://rollcall.com/2022/09/13/tried-to-modernize-congress-now-time-running-out/.
53. Ripley, "These Radically Simple Changes."

終章

1. Jim Loehr and Tony Schwartz, "The Making of the Corporate Athlete," *Harvard*

Business Review, January 2001.

2. Arianna Huffington, *Thrive: The Third Metric to Redefining Success and Creating a Life of Well-Being, Wisdom, and Wonder* (New York: Harmony Books, 2014).（『サード・メトリック』CCCメディアハウス）
3. Tricia Hersey, *Rest Is Resistance: A Manifesto* (New York: Little Brown, Spark, 2022).
4. Mary Oliver, "Have You Ever Tried to Enter the Long Black Branches?" *West Wind: Poems and Prose Poems* (Boston: Mariner Books, 1998), 61.

本書に関するおことわり

　本書で取り上げた洞察や実例の多くは、特定の組織との仕事をした経験から得たものだ。個人的に仕事をしたこともあれば、モリス・グループを含め、企業の創業にかかわったこともある。私たちは、ウーバー、ライアットゲームズ、ＷｅＷｏｒｋなど、本書に登場する企業の多くに積極的に助言をおこなってきた。加えて、フランシスはハーバード・ビジネススクールのエグゼクティブプログラムで広く教鞭を取っており、また個人的なエグゼクティブ教育の場でも、本書で紹介した数々の企業のリーダーたちと向き合ってきた。最後に、本書で言及した企業のいくつかは、ザ・リーダーシップ・コンソーシアム（ＴＬＣ）の顧客である。ＴＬＣは私たちが設立した組織で、現在アンがエグゼクティブ・ファウンダーを務めている。ＴＬＣのリーダーズ・プログラム、主に女性や白人以外の人たちが幹部職につくための準備に焦点を合わせたプログラムをとおして、それらの企業は、有望なリーダーたちを世に送り出してきた。

謝辞

最初に、読者の皆さんにお礼を申し上げたい。疑念をいったん脇に置き、一見ばかげているように思える前提、難しい課題がときにはただ1度の思い切った話し合いですぐに解決できるという前提に身を任せようと決めてくれた人たちに。あなたたちの大胆な賭けにお応えできていることを願っている。さらに、ここまでやり遂げたうえに、時間を割いてこの文章を読んでくれている人たち、あなたたちは特別な「本の戦士」である。

恐れ知らずの研究仲間、デイナ・テパートの才能と懸命な働きにも深く感謝している。彼女の正式な肩書は上級研究員だが、より正確にいえば、上級研究魔術師あるいは天才上級研究員になるだろう。デイナは無数のやりかたで本書をより良いものにしてくれた。

それから、主任共同研究者のナターシャ・カーにもお礼を述べたい。野心的なアイデアを、この世界で実際に起こる可能性があるものへと変化させてくれた。それらの「もの」には本書も含まれるが、けっして本書に限られたことではない。ナターシャがいなければ、私たちはこの世界からほとんど理解されないだろう。

ハーバード・ビジネス・レビュー・プレスの優れたチームは、当初から本書を信じてくれた。最高の編集者、メリンダ・メリノには特に感謝している。私たちが課題を解決するために1週間以上姿を消していたときでさえ、素晴らしい仲間、かつこれらの考えの擁護者でいてくれた。素早く動いて信頼を構築する限界を自分たちが超えたことをここに認める。

初期の読者と思索仲間は本書に大いに寄与してくれた。そのなかには、エミー・バーニング、ドリュー・ディクソン、ヒラリー・フライ、コリー・ハジーム、クレア・ヒューズ・ジョンソン、ソニア・ニジャワン・メラ、メーガン・マクティアナン、レクシー・リース、カーラ・ショートスリーブ、トーマス・ウェデル＝ウェデルスボルグが挙げられる。畏敬の念を起こさせる名前を一文で綴るというのはスリル満点の行為だ。この思想家と改革者の軍団にできないことなど何もないとだけ申し上げておく。

ハーバード・ビジネススクールの友人や同僚は、個人的にも仕事の上でも数十年にわたってこの冒険を共にしてくれている。ライアン・ビュエル、エイミー・エドモンドソン、キャロライン・エルキンス、ハイス・ギブソン、フランチェスカ・ジーノ、カリーム・ラカーニ、ヤンミ・ムーン、ダス・ナラヤンダス、セダール・ニーリーの友情、リーダーシップ、知的な勇敢さには特に感謝している。私たちを方向づけてくれた彼らの考えに可能な限り敬意を表してきた。とはいえ、彼らの尽きることのない影響力を考えれば、十分にはほど遠い。

愛する息子たち、アレックとベンにも感謝のことばを。彼らは、本書を執筆しているあいだずっと応援してくれた。無条件に、限りなく、ずっと愛しているよ、2人とも。それから、素晴らしい人たちと共に子育てができて光栄に思っていることを伝えておきたい。私たちが親でいられ、また世界で活動できているのも彼らのおかげだ。アンジェラ・ラムヒラワン、キンバリー・ウィック、あなたたちがいなければ何ひとつなし得なかった。

最後に、私たちが知っていることを実際に学ばせてくれた、すべての並外れた課題解決者たちへ。このページまでたどり着けたのは一部の人たちだが、あなたたち皆の勇気、知恵、そして、リーダーシップの道を私たちと共に歩もうとした意志に感謝をささげる。その道の上こそ私たちがいたい場所であるとわかったのは、あなたたちのおかげだ。

著者紹介

フランシス・フライ（Frances Frei）

ハーバード・ビジネススクール教授。戦略、経営、文化における卓越性を目指すことによって、リーダーがどのように組織と個々人が成功する状況を生み出すかについての研究をおこなっている。パフォーマンス向上の梃子となるダイバーシティやインクルージョンの推進を含め、大規模な改革や組織的変革に乗り出す企業と共に定期的に仕事をしている。2017年、ウーバーで初のリーダーシップ、戦略担当上級副社長を務め、リーダーシップと文化に関して世間から大きな批判を浴びていた同社の立て直しに尽力した。

アン・モリス（Anne Morriss）

起業家、リーダーシップ・コーチ、ザ・リーダーシップ・コンソーシアムの創設者。同組織は、これまでに類を見ないリーダー養成機関で、女性や白人以外の人たちが幹部職につくための準備を手助けしている。アンは、過去20年間、ミッションを重視する企業を育て、率いてきた。さらに、リーダーシップ、文化、大きな変革に関して世界各国の組織や政府と共に働いてきた。その顧客は、初期段階のテック企業の創業者から国家競争力の強化に取り組む公共部門のリーダーまで多岐にわたる。

アンとフランシスはまた、『ハーバード・ビジネススクールが教える顧客サービス戦略』（日経BP）と『世界最高のリーダーシップ 「個の力」を最大化し、組織を成功に向かわせる技術』（PHP研究所）の著者でもある。TEDのポッドキャスト番組「Fixable（解決可能）」でリーダーシップの助言もおこなっており、世界でも特に影響力のある経営思想家ランキング「Thinkers50」にも選ばれている。

2人の仕事についての詳細は、anneandfrances.comで確認できる。

訳者略歴

江尻 美由紀（えじり・みゆき）

翻訳家。『ビジュアル大事典』（新星出版社）を含め、人文·社会科学、自然科学分野、児童書、小説など幅広く翻訳を手掛けている。

変化を起こすリーダーはまず信頼を構築する
生き残る組織に変えるリーダーシップ

2024年6月10日　初版第1刷発行

著　者——フランシス・フライ
　　　　　アン・モリス
訳　者——江尻美由紀

発行者——張 士洛
発行所——日本能率協会マネジメントセンター
〒103-6009　東京都中央区日本橋2-7-1　東京日本橋タワー
TEL 03(6362)4339(編集)／03(6362)4558(販売)
FAX 03(3272)8127(編集·販売)
https://www.jmam.co.jp/

装　丁——西垂水敦（krran）
本文DTP—株式会社森の印刷屋
印刷所——三松堂株式会社
製本所——三松堂株式会社

ISBN 978-4-8005-9213-2　C2034
落丁・乱丁はおとりかえします。
PRINTED IN JAPAN